대한민국
정통사관

대한민국
정통사관

지은이 | 현진석
만든이 | 최수경
만든날 | 2024년 4월 12일
만든곳 | 글마당 앤 아이디얼북스
　　　　　 (출판등록 제2008-000048호)
　　　　　 경기도 파주시 문발로 240-21 2F
전　화 | 02)786-4284
팩　스 | 02)6280-9003
이　멜 | madang52@naver.com

ISBN | 979-11-93096-06-2(03300)

책값 17,000원

소위 '해방 전후사의 인식'의 역사 인식 프레임을...

주대환(조봉암기념사업회 부회장, 『주대환의 시민을 위한 한국현대사』 저자)

이 책의 저자는 오랫동안 우리나라 근대사를 연구해온 열성적인 재야 인문연구자이다.

이 책에서 저자는 추천자의 역사관과 동일하게 현재 우리나라의 역사교과서 논쟁에서 자유로운 '한국현대사 읽기'. 좌우 진영으로 나뉜 편향적 사관을 극복하는 새로운 시각. '평등은 대한민국의 유전자'라는 대담한 발상, 기존 역사 논쟁에서 설명할 수 없었던 새로운 '대한민국 읽기'를 주장하고 있는 연구에 박수를 보낸다.

우리는 자유주의 사관이 가진 반역사성을 넘어서는 지적 대결. 다른 한편으로는 소위 '해방 전후사의 인식'이 만들어낸 역사 인식의 프레임을 걷어내는 작업. 1980년대 민주화 운동의 열기에 갇혀 있는 '민족주의 사관' 해체작업이 절대 필요한 지금이다.

흥미로운 것은 저자는 추천자의 『주대환의 시민을 위한 한국현대사』를 열독, "대한민국의 역사를 성공을 열망한 자영농들이 피땀 흘려 발전시키고 자식들을 대학에 보내어 교육시킨 덕분"이라고 평가한 내용에 크게 공감한 부분이다.

　한 사례로 정부의 농지개혁 실패로 몰아가기 위해 조정래의 소설
『태백산맥』에서 이승만 정권을 비난하는 내용의 핵심 중의 하나는
1949년과 1950년 봄 사이에 시행된 농지개혁에 대한 것이다. 별
다른 개혁도 이루지 못했고, 지주들의 사전 토지매매로 인해 농민
들이 큰 손해를 봤다는 주장은 역사적 사실과는 매우 다르다.
　당시 남한의 농지개혁은 6·25전쟁 발발 불과 몇 개월 전인 1950
년 3월에서 5월 사이에, 전체 농지의 70~80%의 분배가 이루어져
서 자기 농토를 가지게 된 남한의 대다수 민중이었던 농민들이 목
숨을 걸고 북한군에 맞서 싸우는 결과를 낳았다.
　이러하듯 농지개혁정책은 최고의 공신 세력인 한민당을 내각에
서 배제하고, 과감하게 진보주의자 조봉암을 농림부 장관으로 임명
한 이승만 대통령의 정치력이 돋보이는 점이다. 그리고 자영농을
비롯한 당시의 국민들이 대한민국의 당당한 주인으로서 주권을 행
사했다고 생각한다.

　저자는 이 책에서 식민지시기와 전쟁, 산업화와 민주화 과정의
고난과 성장 과정에서 나타난, 분단국가로서의 극심한 이념과 역사
논쟁에 강한 문제의식을 가지고 '긍정과 통합'의 새로운 역사관을
제시하고 있다.
　따라서 비교적 객관적인 시각으로 대한민국의 근현대사의 방향
을 균형 있게 분석, 제시하고 있어 크게 박수를 보내며, 여러 독자
에게 일독을 권하게 된다.

　한민족의 20세기를 돌아보면 참으로 굴욕스러웠고 많은 피를 흘린 세월이었다. 세기 초에는 아시아 제국주의의 최강자인 일본제국에 의해 별다른 저항도 하지 못하고 강제 병합당하는 수모를 당하였고, 나라 잃은 백성은 만주로, 중국대륙으로, 러시아 땅으로 흩어지면서 또다시 본토 원주민들에게 학살당하는 한 많은 역사였다.

　해방 이후에는 미국과 소련, 중국이라는 거대 외세들의 국제전략에 스스로 뛰어들어, 남과 북 모두 무력 통일을 하겠다는 무모한 불놀이를 감행하여 금수강산이 폐허가 되고 말았으니 비참하다 하지 않을 수 있겠는가!
　이러한 물질적 역사의 거대한 파괴성은 정신적 분야에서도 한 세기 동안 민족의 정신세계를 황폐하게 하였으니, 식민사관. 종북사관. 뉴라이트사관이 그 주역들이다.

　아직도 식민사관은 우리들의 의식에 깊이 남아 있어, 일본에 뒤처진 것은 고작 100년 정도인데 5,000년 역사를 보잘것없는 퇴행의 역사로 비관하는 실정이며, 종북사관은 폐허에서 불굴의 투혼으로 기적으로 만들어 낸 대한민국의 정통성을 부정하려 하고, 뉴라이트사관은 비상식적인 식민지근대화론과 독재 찬양으로 흘러가고 있으니 안타까울 따름이다.

이에 대한민국의 건국이 탄생 당시에는 미운 오리 새끼였으나 한 세기를 지나, 눈을 씻고 다시 보니 그것은 찬란한 백조의 역사였고, 위대한 비상이었음을 '대한민국 정통사관'이란 이름으로 밝히고자 한다.

'사필소세(史筆昭世), 역사가의 붓으로 세상을 밝힌다!'

책의 저술에 있어서, 최근 20여 년의 동안 해방 전후시기의 실체적 진실을 알려주는 훌륭한 자료들이 많이 출간되어 이 책의 탄생에 결정적인 역할을 하였다.

건국과 혼란기를 거쳐 1차 황금기를 맞고 있는 성숙한 대한민국을 긍정적인 시각으로 바라보는 주대환, 뛰어난 실증적 자료를 제시한 이택선, 치열하게 김일성의 진실을 추적한 이명영, 그 외 김택곤, 전현수, 김건우 등의 헌신과 노고에 무한한 감사의 말씀을 드린다.

'대한민국 정통사관'이 거짓되고 잘못된 역사관을 바로잡는데, 작은 역할이라도 할 수 있다면 큰 영광이 될 것이다.

2024년 1월 7일
대한민국의 행운을 기원하며

시대의 초상

(미얀마의 아웅산 묘지에서 순국한 김재익 경제수석 가족의 역사가 대한민국 현대사
의 한 상징이라고 할 수 있어, 여기에서 간략하게 소개하려 한다.)

김재익은 1938년 11월
26일, 충청남도 연기군 소정
리에서 안동 김씨 김응묵과
진주 강씨 강병주의 6남 3녀
중 막내로 태어났다. 부친은
대지주는 아니었지만, 상당
한 땅을 가진 부농이었다.

일본 도쿄 유학의 경험이
있던 부친은 교육열이 남달라, 딸들도 모두 서울의 여학교로 유학
을 보냈으며, 더욱 안정적인 교육을 위하여 서울 종로구 효자동에
집을 장만하여 어머니 강씨가 머물면서 아이들을 보살폈다.

6·25전쟁이 터져 김재익과 누나들은 어머니와 헤어져 남쪽으로
피난을 내려왔고, 어린 김재익이 누나들을 굶기지 않으려고 대구에
주둔해 있던 미군부대의 허드렛일을 하는 '하우스 보이'가 되어 고

기와 과일 통조림 등을 구해와서 겨우 배고픔을 면했다.

　전쟁의 비극은 이들 가족도 피할 수 없어, 아버지 김응묵은 읍내의 공산청년단에게 악질 지주로 몰려 끌려갔다가 인민군이 후퇴할 때 학살되었고 셋째, 넷째, 다섯째 장성한 아들들은 북한 의용군으로 끌려가 생사를 알 수 없게 된 것이다. 잃어버린 아들들은 어머니 강병주에게 평생의 한이 되었다.

　휴전 이후 서울 종로구 삼청동 큰형 집에서 식구들이 모여 살게 되었으나, 전쟁의 여파로 생계가 막막해져 고등학생이 된 김재익도 신문 배달, 가정교사 등 여러 가지 일을 하면서 학업을 유지할 수밖에 없었다.

　서울대학교 정치학과에 입학하여 외교학을 전공하였고, 한국은행 공채에 수석으로 합격하였다. 그 당시 한국의 유일한 경제연구기관인 조사부 금융재정과에서 근무하게 되면서, 경제 정책가로서의 첫발을 내딛게 되는 계기가 되었다.

　경제학을 체계적으로 공부하고 싶었던 그는 1966년 하와이 주립대학 동서문화센터에서 생활비를 포함한 장학금을 받는 조건으로 공부할 기회를 얻었고, 석사학위를 받는 과정에서 뛰어난 역량을 인정받아 미국 본토의 스탠퍼드대학에 추천되어 1973년까지 공부하면서 통계학석사와 경제학박사를 취득하였다.

　그리고 한국은행에 복직한 이후 대통령 비서실에 파견되면서 관직 생활을 시작하게 된다.

김재익은 경제학에 정통한 이론가라는 소문이 퍼지기 시작한 것을 계기로, 남덕우 부총리 겸 경제기획원 장관의 부름으로 비서실장을 맡게 되고 6개월 후에는 경제기획원 경제기획관으로 임명되어 본격적인 경제관료의 길을 걷게 되었다.

그의 첫 작품은 부가가치세 도입이다. 그의 특유의 온화한 설득 작업으로 1973년부터 관료들에게 한 명씩 브리핑을 전개하여 마침내 1977년에 미국과 일본보다 빠르게 한국에 도입되어 선진적인 조세제도가 정착하게 되었다.

시대의 격랑은 김재익도 피할 수 없어 10.26과 1980년 신군부의 등장으로 위기감을 느껴 사표를 제출했지만, 신군부 세력도 그의 탁월한 능력을 알고 있었기 때문에 놓아주지 않았다. 실권을 잡은 전두환은 그의 경제브리핑과 소신에 감탄하여 '여러 말 할 것 없어. 경제는 당신이 대통령이야.'라고 말하며 그의 정책에 강력한 힘을 실어주게 된 것은 유명한 일화다.

1970년도에 계속되었던 성장 위주의 경제정책에 반하는, 안정적 성장과 인플레이션 억제의 정책 기조는 기존의 관료들과 기업의 강력한 저항을 불러왔지만, 역설적으로 강력한 독재자의 힘을 빌려 1980년도 초반의 물가안정에 크게 이바지하였다.

선거를 앞둔 여당, 농민, 근로자들의 강한 반발에도 추곡수매가 10%대 인하, 임금인상 억제로 연간 수십 %로 상승하던 물가를 안정시켜 한국경제의 1980~1990년대 쾌속 질주의 주춧돌을 단단히 놓았다.

금융실명제 도입을 추진하고 수입 개방화를 추진하던 와중에 운명의 1983년이 되었고, 전두환 대통령의 해외순방에 동행하게 된 김재익은 그해 7월 경제기획원 장관 겸 부총리로 임명된 서울대학교 동기인 서석준과 함께 10월 9일 미얀마(그 당시 버마)에서 17명의 각료와 수행원들에게 가해진 북한의 끔찍한 테러에 희생되어 순국하였다. 그의 나이 45세였다.

자랑스럽던 막내아들을 비명에 잃은 모친 강병주 여사는 충격으로 46일 만에 피를 토하며 세상을 떠나 아들 곁으로 갔다.

김재익의 부인 이순자 교수(전두환의 아내 이순자와 동명이인)는 2010년 남편의 유지에 따라 전 재산 20억 원을 서울대학교에 기부하여 장학기금인 '김재익 펠로우십'을 발족하였다. 아래의 글은 2010년 11월 발족식에서의 이순자 여사 연설문이다.

한국전쟁 후 지독히도 가난했던 우리나라 젊은이들의 배움에 대한 열망을 채워준 것은 선진국의 여러 가지 장학금이었다. 김재익도 하와이대학의 동서문화센터의 지원으로 유학을 시작하여 스탠퍼드 대학에서는 포드대학 장학금으로 경제학박사 학위를 받기까지 전액을 지원받았다. 이러한 장학금 지원은 학생 개인의 일생을 바꾸는 것은 물론 그 학생 나라의 장래를 바꾸는 힘이 되었다.

(중략)

그의 신념을 담아 발족되는 이 장학금이 반세기 전 그가 젊은 시절 받았던 값진 혜택처럼 개발도상에서 노력하는 젊은이들에게 배움의 목마름을 채워주고 자신의 나라를 좀 더 나은 나라로 만들고 싶어하는 애국심을 격려할 수 있다면 그의 착한 영혼이 크게 기뻐

할 것이다. 우리 가족의 이 소박한 시작이 개방경제와 민주주의의 씨앗으로 넓은 세상에 전파되기를 희망하는 많은 사람의 동참이 있다면 더욱더 값진 일일 것이다.

앞으로 20~30년이 지난 훗날, 젊은 시절에 '김재익 장학금'으로 대한민국에서 공부한 각 나라의 고위직 공직자들이 국제무대에서 대한민국의 공직자들과 친구로, 동문으로 만나게 될 것이다. 각 분야의 최고 전문가들의 우정 어린 협력으로 복잡한 국제문제를 해결할 수 있다면 이 얼마나 아름다운 일이 될 것인가. 이 장학금이 개발 도상국의 젊은이들과 그들의 나라에 희망찬 미래에 대한 약속이 되기를 정성 모아 기원한다.[1]

---

1   고승철. 이완배, 「김재익 평전」, 404쪽

차 례

제1부
대한정통론

제1장 ● 위성정부 vs 독립정부

　신화와는 인연이 많지 않은 한반도이지만, 한국 현대사에는 민족
의 태양이며 조국 통일의 '구성'이라고 불리는 김일성 신화와 일반
인의 범주를 뛰어넘는 민족중흥의 초인으로 불리는 박정희 신화가
존재한다.

　'구성'은 구원하는 별이라는 뜻이므로 구원자, 메시아의 의미여서
그야말로 종교적 경지의 표현이다.(『북한 헌법』 서문, 2009년)

　박정희 신화도 '한국적 민주주의'라는 강력한 교리를 가지고 있다.

　그런데 남한에서는 그 초인이 쓰러지고 갑자기 새로운 신화가 등
장하기 시작했다. 바로 한국 현대사의 정통성이 항일 빨치산투쟁을
이끈 김일성이 세운 조선민주주의인민공화국에 있고, 대한민국은
친일파와 미 제국주의에 의해 식민지로 세워진 반민족국가에 불과
하다는 신화 말이다.

　이 신화는 『해방전후사의 인식』, 『태백산맥』 같은 좌파 문건들과
각종 영화, 드라마, TV 프로그램을 통해 광범위하고 지속적으로 전
파되어 많은 한국인에게 올바르고 진실된 역사로 자리를 잡고 있다.

　본 저작의 목적은 과연 이 신화가 정당한 것인지, 사실에 입각한 것인지 살펴보려는 것이다.

❘ 냉전의 충격

　사실 1945년 전반기 소련과 스탈린은 한반도에 대한 정치적 지배에 관한 생각은 크지 않았고, 제정 러시아 이래 전통적인 전략으로서 만주지역에 대한 이권과 항구들에 대한 권리에 집중하고 있었다. 1945년 6월 29일에 제2극동 국장 주코프와 부국장 자브로딘이 작성한 보고서의 내용을 살펴보면 그러한 소련의 의도를 파악할 수 있다.

　'한반도가 역사적으로 일본의 대륙침략 통로로 이용됐으며, 그런 이유에서 한반도에서 일본의 영향력은 완전히 배제되어야 한다. 한국이 소련에 대한 미래의 공격 근거지로 전환되지 않게 하기 위해 미래의 한국 정부는 소련과 우호적인 관계를 맺어야 한다. 특히 일본이 한국을 통해 팽창하려 한 데 대해 러시아가 투쟁한 것은 역사적으로 정당한 행위였음에도 러시아가 일본을 막지 못한 이유는 외교적 고립 때문이다. 이런 맥락에서 또다시 고립되지 않기 위해 한반도에서 후견제(신탁통치)가 시행되면 소련이 이에 참여해야 한다.'

　소련의 통치 아래에 있던 북한이 일본에 매우 적대적인 정책을 펼친 이유를 알 수 있고, 한반도에 대한 영토적 야망은 높지 않았던 것을 알 수 있다.

　한편, 미국은 세계전략의 기조로서 국제주의, 즉 사회주의 국가들과도 호혜적이고 우호적인 관계를 유지하려는 정책이었지만, 소련과의 냉전이 전개되면서 1947년 3월 12일의 트루먼독트린이 상징적으로 보여주듯이 사회주의 국가들을 고립시키는 봉쇄정책으로 전환하게 되었다. 그 결과 일본을 소련에 대항하기 위한 전초기지로 사용하기 위해 유화적인 조치들이 한반도와 일본에 시행되었다.

　그런데 1945년 9월 20일 스탈린은 극동전선 총사령부와 제25군 군사평의회 앞으로 이전의 정책과는 매우 다른 극비지령을 발송한다.

1) 북조선의 영역에서 소비에트나 그 밖의 소비에트 권력기관을 만들지 말고, 소비에트적 질서를 도입하지 말 것.
2) 북조선의 모든 반일적 민주정당과 단체의 광범한 블록을 기초로 하여 부르주아 민주주의적 권력을 수립하는 것을 원조할 것.
3) 이와 관련 적군(赤軍)이 점령한 조선의 제 지역에서 반일적 민주적인 단체와 정당을 결성하는 것을 방해하지 말고 그들의 활동을 원조할 것.[2]

2　『김일성 신화의 진실』, 김용삼, 327쪽

이 지령은 신탁통치라는 기본 노선을 파기하고, 사회주의 프롤레타리아혁명 앞의 단계인 '부르주아 민주주의 혁명'을 북조선에 미국과는 상관없이 진행하라는 것이다. 물론 여기에서 말하는 민주주의는 공산주의를 두려워하는 대중들을 기만하기 위해 사용하는 용어이다.

그렇다면 스탈린은 왜 이렇게 갑자기 돌변하게 된 것일까?

여기에 대해서는 1945년 9월 12일부터 10월 2일 사이에 있었던 연합국 전승국 간의 런던 외상회의가 그 원인일 것이라는 가능성이 여러 학자에 의해 제기되었다. 미국, 소련, 영국, 중국, 프랑스의 외상들이 패전국들인 독일, 이탈리아, 일본 그리고 그들의 식민지에 대한 처리 문제를 논의하기 위한 자리였다.

소련은 동유럽의 폴란드, 헝가리, 루마니아 등을 독점적으로 공산화하고 있으면서, 지중해 진출을 위해 이탈리아의 식민지였던 리비아를 요구하였으며 미국이 단독으로 점령하고 있던 일본에 연합국 관리위원회를 설치할 것을 제안했다.

이에 대하여 영국과 미국은 지중해에 소련함대가 진출하는 것을 불허했고, 태평양전쟁에서 엄청난 피해를 입은 미국도 일본에 대한 권리를 양보할 생각이 전혀 없었다.'

그렇지 않아도 원자탄 개발에 뒤처져 불안해하던 스탈린은 서방국가들의 소련을 무시하는 태도에 분노를 일으켰다. 10월 25일 스탈린은 미국대사 해리먼과의 대담에서 경직된 태도를 취하며 "소련은 간섭하지 않겠다. 미국에서는 오랫동안 고립주의자들이 권력을 장악해왔는데, 나는 고립주의를 선호하지 않았었다. 그렇지만 소련

도 이제는 고립주의를 택하는 것이 좋을지 모르겠다. 그 정책은 잘못된 것이 아니다"라고 발언했다.[3]

한반도에 엄청난 먹구름이 몰려오는 시점이었다. 스스로 번듯한 독립전쟁을 치르지 못한 한민족은 또다시 열강들의 권력다툼의 희생자로, 전쟁터로 한 걸음씩 내몰리게 된다.

| 미국과 소련의 한반도통치

소련이 북한 정권의 수립에 얼마나 깊숙이 관여했는지는, 전현수 교수가 2004년 발굴, 번역한 『쉬띄꼬프일기 1946~1948』를 통해 상당 부분 알 수 있다.

극동군사령부 최고위 정치장교였던 스티코프는 모스크바 중앙당의 직접 지시를 받는 군사정치위원이었다. 소련군의 조직은 이중으로 되어 있는데, 직접 전투를 하는 전투장교와 공산주의 사상과 정치를 지도하는 정치장교로 구성되어 있었다.

스티코프 상장(중장)은 2차 세계대전에서 메레츠코프 원수 휘하의 소련군 제7군 군사정치위원이었으며, 독일군의 강력한 공격에도 레닌그라드를 끝까지 사수했고, 핀란드에 친소정권을 세우는 데 큰 역할을 하여 '탁월한 정치군인'으로 평가받는 인물이었다.

메레츠코프를 따라 극동군에 배치되어 연해주 군관구가 있는 하바롭스크에서 모스크바와 평양으로 수시로 오가면서 소련 군정을 감독하고 남로당의 활동을 지시했으며, 북한정권 수립의 설계자 역

---

3   '냉전의 전개 과정과 한반도 분단의 고착화– 스탈린의 한반도 정책, 1945', 이정식, 『해방전후사의 재인식』 2권, 31쪽

할을 수행했다. 초대 북한대사를 51년 초까지 맡았고, 여러 요직을 역임하다가 1964년 10월 25일 심장마비로 사망했다.

한편, 미국은 명칭을 직접적으로 미 육군 군정청(U.S Army Military Government in Korea)으로 사용하였으나, 소련은 민정이란 이름으로 북한 주둔 제25군 사령부에 민정 담당 부사령관을 두어 정치, 경제, 사회, 문화 모든 분야에 직접적으로 관여했다. 소련이 광범위하게 지시하고 관리한 것이 분명하므로 일반적으로 소련 군정으로 부르고 있다.[4]

스티코프 일기에는 북한의 통치를 넘어서 남한에 대한 지령과 정치 공작도 분명하게 기록되어 있다.

[1946년 9월 26일]
로마넨코(민정 담당 부사령관)에게 다음과 같이 지시한다.
1. 북조선 지도자들과 여운형의 회담을 허용한다.

---

4   안문석, 『북한 현대사 산책』, 30쪽

2. 남조선의 좌우합작운동을 저지한다.

3. 남조선 좌익 3당의 합당을 잠시 중단한다.

4. 공산당은 반드시 합법적으로 존재해야 한다.

5. 민주주의 민족전선은 공산당 지도부에 대한 체포령의 취소, 감옥
   으로부터 좌파의 석방, 테러 중지를 요구한다.

6. 미군정이 남조선에 수립하려는 정부(입법의원)에 참여하지 못하
   게 한다. 왜냐하면 이것은 중앙정부의 수립을 앞당길 것이기 때
   문이다.

7. 북조선의 상황과 북조선에서 실시되고 있는 민주개혁(사회주의
   개혁)에 관해 설명해 준다. 북조선은 여운형을 신뢰하고 있다고
   말한다.

8. 로마넨코에게 회담 준비를 위해 다음과 같이 지시하다.

   1). 미소공동위원회 사업을 재개한다. (중략) [5]

위의 일기를 살펴보면, 소련 군정이 남한의 좌파 세력에서 직접
적인 지령을 하달하고 있는 것을 분명히 확인할 수 있다. 소련은 여
운형을 이용하여 남쪽의 좌파들을 조정하려고 했다. 여운형은 결국
남과 북의 공산진영 1인자들인 박헌영과 김일성에게 권력을 빼앗
겨 암살되는 비극적 운명의 주인공이 되고 말았다.

남한의 좌우 합작을 반대하고 임시의회인 입법의원에 좌파의 참
여를 불허하여, 자신들은 실질적인 행정, 입법 기능을 행사하고 있
던 북조선 임시인민위원회를 배후에서 조종하고 있었음에도 불구
하고 남한의 안정을 위한 중앙정부 수립에는 방해 공작을 자행하고

---

5   전현수, 「쉬띄꼬프일기 1946~1948」, 17쪽

있었다.

[1946년 9월 28일]

　경제적인 요구들, 임금인상, 체포된 좌익 활동가들의 석방, 미군정에 의해 폐간된 좌익신문들의 복간, 공산당 지도자들에 대한 체포령의 철회 등의 요구들이 완전히 받아들여질 때까지 파업 투쟁을 계속한다. 이 요구들이 충족될 때 파업 투쟁을 중지할 것이다. 인민위원회로 권력을 이양하는 문제에 대해서는 미군정과 협상을 계속할 것이라고 성명한다. 파업 투쟁의 조직자들과 참가자들에 대해 미군정이 탄압을 가하지 말도록 요구한다.

　여운형과의 회담 및 남조선 파업 투쟁에 대해 스탈린 동지에게 암호 전문을 보낸다.

　남북한을 분할통치하고 있는 상황에서 대규모의 파업을 지시하고, 세부적인 활동까지 통제하는 심각한 수준의 미군정 파괴 활동의 내용이다. 48년 북한 정권의 수립에 있어서는 내각의 구성을 위한 초안까지 작성하였다.

[1948년 8월 27일]

　(중략)

　내각 성원

　수상 김일성

　부수상(미정　　　　　　　　　부수상(미정)

　국가계획위원회 위원장 정준택　민족 보위상 최용건

외무상 박헌영	내무상 박일우
산업상 김책	체신상(미정)
농림상 송봉욱	재정상(미정)
상업상 장시우	교육상 백남운
사법상 최용달	문화선전상(미정)
국가검열위원장(미정)	보건상 이병남
체신상 주황섭	노동상(미정)
도시경영상(미정)	
최고인민회의 상임위원회	
의장 김두봉	부의장(미정)
부의장(미정)	위원(미정)
(남조선) 국회의장(미정)	

1947년의 제2차 미소공동위원회에서 미국대표단 브라운 장군의 북한의 정치 현실에 대한 적나라한 지적도 기록되어 있다.

[1947년 7월 10일]
(중략)
미국대표단은 정당들을 믿지 않는 것을 체면에 관계되는 일이라고 생각한다. 만일 이 정당들에 대해 조사하자면 다른 정당들에 대해서도 조사해야 한다. 왜 북조선에는 1,300만 명의 주민들이 단하나의 정치적 사조와 유파에 의해서 대표되고 있는가? 왜 소련대표단은 이미 합의된 결정을 거부하는가? 소련대표단장은 소련대표단이 북조선의 정당 명부를 제출할 것이라고 성명했다. 북조선에는 38개의 정당 및 사회단체들이 있는데, 이 모두는 전부 북조선인민위원회와 연결되어 있거나 혹은 모두 공산주의자들이다. 왜 다른 사회단체들은 신청서를 제출하지 않았는가? 소련대표단 혹은 북조선인민위원회가 이 명부를 작성한 것은 아닌가? 이에 반해 남조선의 명부는 매우 길다. 그러나 여기에는 다양한 단체들이 있다. 이 횡단면을 통해서 우리는 남조선에서 광범위한 인민의 의견을 알 수 있는 것이다. 북조선에는 이것이 없다.

(중략)

그렇다면 미군정의 기본적인 한반도 정책은 무엇이었는가? 여기에 대해서는 분명 미국은 소련과는 매우 다른 정책을 추진했다는 것이 역사적 사실이다.

미 국무부는 한정된 재정 안에서 주요 관심사인 유럽과 일본에 자원을 투입하고 있었기 때문에, 일차적 방어선에서 한반도를 제외한 애치슨라인이 보여주듯 2차 세계대전의 동지였던 소련의 심기를 최대한 건드리지 않고 한반도에 미국적 민주주의 국가 또는 최소한 중립국가를 건설해주고 가급적 빨리 철수하고자 하였다.

미국에서 동원 해제령이 내려지고, 국방예산도 의회의 압박으로 계속 줄어들어 1945년 8월에는 총 900억 달러였던 국방예산이 1946년에는 485억 달러로 거의 절반으로 삭감되었다. 그 여파로 미군정의 전술군과 군정 요원의 규모는 1945년 10월에 7만 7,643명에서 1946년 10월에는 3만 7,918명으로 격감하였다.[6]

---

6   이택선, 『취약국가 대한민국의 탄생』, 51쪽

이러한 재정의 절대적 부족은 해방 이후의 극심한 혼란기에 치안의 붕괴와 좌파 세력의 선전·선동에 훌륭한 재료로 사용되었다.

미군정은 경찰 인력을 가급적 일본에 부역하지 않은 인물들로 기용하려고 하였으나, 잘 알려진 것처럼 교육받은 한국인과 관료의 수는 턱없이 부족하여 미숙한 정책 실행으로 궁지에 몰린 미군정은 1945년 11월 17일경부터 일시적인 조치라는 명분으로 간부직 경찰직을 중심으로 복귀를 허용하고, 출근을 거부하는 한인 경찰들을 체포령으로 협박해 복귀를 종용하여 1945년 말에 겨우 경찰력을 안정시켰다.

국민 정서를 반영하여 악명 높은 친일 경찰들에 대한 조치가 전혀 없었던 것은 아니다. 1945년 10월 경무과장 조병옥은 기자단과의 회견에서 조선 민족의 의사를 말살했거나 인권을 짓밟은 자 혹은 직책을 남용한 경관은 점차 숙청할 것이라고 밝혔고, 경기도 경찰부는 1946년 2월 13일에 악질 친일경찰들을 구속했다. 중국군 출신의 김응조를 초대 전라도 경찰청장으로 임명하기도 하였으며, 일제 경찰의 상징이었던 패검을 곤봉으로 교체하였다.[7] 또한, 1946년 10월 대구 폭동의 사후 처리를 위해 미군정은 한미 공동회담을 열어 47년 5월까지 악질 경찰관 56명을 파면하였다.[8]

미군정 초기의 기본 정책 방향은 미국외교기밀문서(FRUS, 1945, VOL. 6)를 통해 확인할 수 있다. 1945년 10월 17일 SWNCC(삼성

---

7   위의 책, 77쪽
8   정윤재, 『안재홍 평전』, 2018, 150~154쪽

조정위원회)에서 태평양 방면 미군 최고사령관 더글러스 맥아더 원수에게 보내진 '초기 기본 훈령'에 구체적으로 언급되고 있다.

대한반도 정책의 3단계는 첫째, 미소 간의 민간 행정업무 담당이라는 초기의 과도적 단계 둘째, 미·영·중·소의 신탁기 셋째, 국제연합 회원국 자격을 갖춘 궁극적인 한국의 독립(the eventual independence of Korea)이라는 설정을 가지고 있었다.[9]

즉, 외교적 관계를 고려하면서 서방의 기준에 적합한 독립국가의 건설이 최초의 목적이었다.

---

9   정경환, 『해공 신익희 연구』, 289쪽

I 민족을 위하여

조선 말기부터 6·25전쟁까지 한반도는 외세에 의한 극심한 고난의 역사라고 하지 않을 수 없다. 의병전쟁이 있었다고는 하지만 대규모 정규군의 전투는 없었고, 1945년 해방을 위한 번듯한 독립전쟁도 없었다. 어쩌면 해방 이후의 많은 민간인 희생과 6·25전쟁 시의 수백만 명의 사상자는 민족의 '늦게 흘린 피'라고 할 수도 있겠다.

악명 높은 두 외세인 소련과 미국은 2차 세계대전과 태평양전쟁에서 각각 천만 명이 넘는 희생자와 수십만 명의 전사자를 냈지 않은가 말이다.

민족을 친일과 항일로 나누는 무리들이 있지만, 저열한 위정자들의 지리멸렬로 졸지에 나라 잃은 백성이 된 조선 민중에게 과연 자랑스럽게 다시 세울 조선이라는 나라는 존재했는가! 수십 년 지속된 식민지에서 태어나고 식민지 국민으로 죽은 민중들에게 돌을 던질 것인가! 극소수의 악질 민족 반역자에 대해서는 응당 끝까지 역사적 죄과를 물어야 하겠지만, 대부분이 소규모 농업에 종사하며 5~9남매의 농촌 가정에서 상속에 불리했던 차남 이하의 남성들이 생존과 신분 상승을 위한 일본 관리, 경찰, 군인 등에 지원하고 삶을 영위한 것을 쉽게 매도할 수는 없다.

인촌 김성수와 송진우, 남강 이승훈, 조만식 같은 분들은 적극적 항일투쟁이 거의 불가능했던 국내에서 교육, 언론, 민족자본을 통해 민족의 힘을 키우려 노력했던 '온건한 민족주의자'들이었다. 그러한 과정에서 일제에 대한 형식적 협조는 사실상 불가피했다. 친일파라는 용어가 마치 민족 반역자와 동일시되는 상황에서, 빨치산 투쟁과 임시정부의 독립투쟁만이 의미있는 것이라고 주장되어서는 안 된다. 국내의 온건한 민족주의자들과 비타협적 민족주의자들인 안재홍, 김병로, 함석헌 등과 국외의 항일 민족주의자들의 축적된 역량이 합쳐진 결과가 대한민국의 탄생이었던 것이다.

북한은 김일성의 공산 항일투쟁만이 유일한 민족해방의 금자탑인 것처럼 선전하지만, 실상은 중국공산당 당적으로 소규모 전투와 보급 투쟁에 주력하였고, 소련군 대위의 신분으로 미래에 있을 일제와의 전쟁을 준비한 것이지 진정한 민족독립을 위해서 큰 업적이 있다고는 할 수 없다.[10]

결정적으로 그는 마오쩌둥에게 수만 명의 중공 조선의용군을 지원받고 스탈린으로부터는 수백 대의 탱크와 중화기, 군사고문단을 지원받아 외세의 앞잡이가 되어 민족의 터전을 폐허로 만들고 산하를 피로 물들인 진정한 민족반역자인 것이다.

수정주의 역사관은 분단과 전쟁의 책임을 미국과 소련의 공동책임으로 보는 주장이다. 하지만 민족의 관점에서 더 큰 책임을 물을 대상은 소련과 스탈린에게 있다고 보인다. 왜냐하면 미국은 정책도 매우 미숙했고 재정의 투입도 빈약했지만, 비교적 자유로운 정치 공간을 마련해주고 최후까지 미소공동위원회의 성공을 위해 노력한 반면에 소련은 초기부터 폴란드와 같은 위성국가를 건설하기 위해 인민위원회의 출범, 토지개혁의 시행, 중앙은행의 설립 등의

---

10 소련군은 조선인과 중국인 빨치산들이 만주의 지리에 밝은 점을 활용하려 하였고, 첩보활동과 낙하산훈련 등을 하였으며 실제로 1945년 8월에 만주 전선의 후방에 투입되었다. '주보중장군전', 박승준 「김일성, 1925~1945 중국과 소련에서 무엇을 했나」에서 재인용 153~154쪽

사실상의 단독국가적 행정을 집행했다. 여기에 대해서는 그 자격을 따질 수밖에 없는데, 그 비선출 권력의 부당함에 저항하여 북한 주민 100만명이 월남했고 6·25 전쟁 시에도 또다시 수십만 명이 남으로 내려온 것이 그들의 자격 없음에 대한 명백한 증거다.[11]

해방 이후 미국의 한반도 독립국가의 프로젝트와 소련의 한반도 위성국가의 프로젝트를 비교하면, 민족의 생존과 번영을 위한 더 나은 정책 방향은 그것이 냉전의 결과였다고 하더라도 미국에 더 높은 점수를 주어야 마땅하다.

---

11 북으로 월북한 인원은 2만 5천명 정도로 알려져 있다. 이승만은 100만명의 월남인이 바로 대한민국의 정통성을 말해 준다고 언급한 바 있다.

제2장 ● 문제의 진단, 인식과 재인식

박정희의 유신독재가 갑자기 막을 내린 10·26을 불과 며칠 앞
둔 1979년 10월 15일에 『해방전후사의 인식』 1권이 발간되었다.
5·18의 비극과 함께 신군부의 가혹한 철권 통치에 저항하는 종북사
관이 시작되는 순간이었다.

매우 강력한 전체주의국가인 조선민주주의인민공화국의 존재는,
저항세력들에게 주체사상이라는 정치사상과 항일 민족주의 세력의
정통성이라는 역사관을 전달하여 강력한 반정부 투쟁의 사상적 터
전을 만들어주었다. 이 운동권 세력은 김대중 정권, 노무현 정권을
거치면서 현실 정치의 경험을 바탕으로 문화, 언론, 학계에 대거 진
출하여 강력한 헤게모니를 가지게 된다.

이에 반하여 우파의 위기를 맞아 새로운 우익세력이 등장하기
시작하는데, 2005년 11월 8일에 뉴라이트 전국연합이 발족하였고
2006년에는 명망 있는 경제사학자였던 서울대 안병직 명예교수가
뉴라이트재단을 창립해 초대 이사장으로 취임했다. 그리고 2006년

2월에 『해방전후사의 재인식』 1권을 출간하여 그들의 주장을 이론적으로 뒷받침하게 된다.

이들 주장의 중심에는 일제에 의한 식민지 근대화론과 이승만 재평가가 있는데, 합리성과 객관적 비판이 상당히 부족하여 일반 대중들에게 큰 호응을 얻지 못하고, 상대편으로부터 신친일파라는 강력한 비난을 받게 되었다.

종북사관과 뉴라이트사관이 식민지 지배와 분단과 전쟁이라는 민족의 크나큰 고난에서 출발한 것이어서, 정상적이고 합리적인 역사관이 아니라 삐뚤어지고 극단적인 내용을 가지게 된 것은 민족의 또 다른 고난이라고 하지 않을 수 없다.

| 대한민국 정통성의 위기

『해방전후사의 인식』의 대표적인 주장은 대한민국 건국 과정에서의 친일 논란일 것이다. 이승만과 친일에 앞장선 한민당 세력이 반민특위를 무력화하여 민족정기를 무너뜨리고 미국의 지배를 받는 반민족친일국가를 건설했다는 것이다.

'새 나라의 구상이 그 어떤 종류의 것이든 그것은 적어도 하나의 필수적인 조건을 충족시키는 내용이어야 하리라고 믿어진다. 그것은 일제 잔재를 뿌리 뽑고 민족정기를 바로잡는 일이었다. 그러나 미군정을 거쳐 이승만 정권이 확립되는 과정에서 반민족적 친일 세력은 민족의 이름으로 심판을 받기는커녕 도리어 "여전히 실권적 또는 지도적 지위를 차지함으로써 국민 대중은 '민족적 정의의 부재'를 실감하게 되었고, 그리하여 "민족적 정열과 애국심을 흐리게 하고 개인의 영달과 실리만을 좇는 이기적 타산 풍조를 낳게" 되었다.(『해방전후사의 인식』 1권, 617쪽)'

이 책 『해방전후사의 인식』은 권수를 늘려가면서도 초기에는 대한민국의 정통성에 대해서는 크게 부정하지 않았다. 이는 당시 군부독재 시대였고 자신들의 세력이 아직 약했기 때문일 것이다.

1948년 파리에서 개최된 제3차 유엔 총회는 한국임시위원단의 전기 보고서를 상정 논의하였다. 미국의 주도 아래 총회는 12월 12일 '48대 6(기권 1)'의 압도적 다수로 한국에 관한 결의문을 채택하였다. 이 결의문은 "임시위원단이 관찰하고 협의할 수 있었고 전체 한국인의 대부분(great majority)[12]이 사는 한국의 한 부분(the part) 위에 효과적인 통치와 관할권을 갖는 합법적 정부가 수립되었다"라고 지적하고, 이 정부는 "한국의 그 부분의 유권자의 자유로운 의사의 유효한(valid) 표현이었던 선거에 기초하고 있다"라고 덧붙였다. 그다음 이 결의문은 이것이 "한국에 있는 유일한 정부(the only such government in Korea)이다"라고 강조하였다. 요약하면 이 결의문은 대한민국이 한반도 전역에 걸친 전국적 정부라는 것은 조심스럽게 피했으나 그렇지 않다고 특별히 선언하지는 않았다. 그러나 유엔 총회의 결의가, 특히 이러한 국제적 뒷받침이 전혀 없던 북한 정권에 비해, 대한민국의 정통성을 부여하기에는 충분한 것이었다.(『해방전후사의 인식』 1권, 110쪽)'

---

12 해방 당시의 인구는 남쪽이 1,600만 명이었고 북한은 900만 명이었으며, 북한에서 일방적 사회주의화가 진행되면서 지배적 세력이었던 기독교 지식인들과 지주들 100만 명이 남으로 내려왔다.

선출 권력을 위한 합법적이고 자유로운 선거와 국제기구에 의한 감시가 시행된 대한민국 정부의 정통성을 인정하고 있다. 반면 북한에서는 1948년 8월 25일 최고인민회의 대의원 선거를 시행하였는데, 흑백 투표함을 각각 두고 찬성하면 백색 투표함에 반대하면 흑색 투표함에 넣게 하여 사실상 공개투표를 함으로써 도저히 인민들이 자유롭고 정당한 권리를 행사했다고 보는 것은 불가능하다.

민주화운동이 사회 전반적으로 팽창하던 1988년에 출간된 『해방전후사의 인식 4권』에서는 마침내 학생운동권을 장악한 주사파 세력을 바탕으로 대한민국의 정통성에 대한 대담한 부정을 주장하는 단계까지 도달하게 된다.

앞에서 살펴본 바와 같이 일제 지배하에서의 구조화된 한국 사회의 성격을 감안할 때, 일제라는 국가권력이 붕괴한 해방의 시점에서 요구되는 혁명의 내용은 반제 반봉건 민주주의 혁명이라 할 수 있다. 첫째, 그것은 반제 반봉건의 내용을 지닌다. 우선 식민잔재의 척결이 요구되었다. 식민잔재의 척결에는 친일파·민족 반역자의 처벌과 일제 및 친일 매판자본가 기업의 국유화 등이 요구되었다. 즉 식민잔재 세력의 물적 기반을 박탈하고 그들의 정치적 지위를 약화시키는 것이 요구되었다. 다음으로 봉건 잔재의 척결이 요구되었다. 봉건 잔재의 척결에서 가장 중요한 문제는 토지개혁이었다. 둘째, 그것은 일종의 인민민주주의 혁명이었다. 민주주의 혁명이 국가의 강력한 파쇼적 성격에 대응하는 민중의 혁명이라면 당시의 혁명은 식민성과 봉건성으로 야기된 일제 식민지권력의 파쇼적 성격에 반대하여 노동자·농민 등 민중들의 이해를 대변하는 인민정권을 수립하고자 하는 인민민주주의 혁명이었다. 따라서 혁명에서 가장 중요한 일은 당시의 객관적 조건 속에서 혁명의 주체세력이 인민정권을 수립하고 이 국가권력에 바탕을 두어 반제반봉건의 민주개혁을 수행하는 것이었다.

정해구, 『해방 8년사의 총체적 인식』, 19쪽

이러한 주장은 1945년 해방 당시의 박헌영이 주장한 유명한 '8월 테제'와 같은 내용을 가지고 있다. 즉, 아직 완전한 프롤레타리아혁명의 시기가 성숙하지 않았으니 우호적인 자본가와 정치 세력들과의 결합을 통한 '부르주아 민주주의 혁명'을 일차적인 단계로 제시하고 있다. '어쨌든 조선의 객관적 정세(경제, 정치, 사회적)는 우리로 하여금 무조건하고 부르주아민주주의혁명 과업의 수행을 강력히 요구하고 있는 것이오, 조선에서는 프롤레타리아혁명의 단계는 아직 오지 않고 있다는 것을 힘있게 주장한다.(박갑동, 『박헌영』, 307쪽)

여기에서 중대한 문제로 보이는 것은, 그 혁명은 대체 누구의 권리이며 어떤 자격자가 해야 하는가 하는 것이다. 분명 북한과 남한의 자유로운 정치활동 속에서 합법적 선거로 선출된 정치권력이 실행해야 함이 마땅하다. 그런데 소련 군정은 해방 이후의 통치에서 강력한 통제를 통해 자유로운 정치활동을 원천적으로 봉쇄하고 공산당 세력 일색으로 인민위원회를 구성하여 소위 민주개혁을 하였으니, 북한 민중들이 결코 승복하지 못한 것이고 해방 전 100만 명, 전쟁 때 수십만 명이 남한으로 내려온 것이다.

| 뉴라이트사관의 등장

1990년대에 보수정권이 진보정권에 의해서 정권교체가 이루어
지자, 위기의식 속에서 새로운 움직임이 발생하기 시작하여 2000
년대 이명박 정권에서 대중들에게 본격적으로 등장하기 시작했다.
핵심적인 내용으로는 일제에 의한 식민지 근대화론, 이승만 재평가,
친일 선동 반대 등이 있다. 대표적 학자인 이영훈 교수는 종북사관
적 민족주의자들을 '선악사관'으로 규정한다. 종교적 확신을 가지
고 사물의 인과를 한 가지 근본요인으로 귀결시키는 근본주의적 사
고방식이 특징이라는 것이다. '그들은 일종의 종교적 확신에서 그
특별법(일제강점하 친일반민족행위 진상 규명에 관한 특별법)의 제
정을 촉구했다.

이 법의 제정에 공로가 컸던 이만열 당시 '친일인명사전편찬위원
회' 위원장은 다음과 같이 말했다. "해방 후 한국 사회의 원죄와 같
은 존재이자 일제 식민잔재의 핵심 요소인 친일파에 대한 역사적
청산 없이 낡고 병든 과거와 단절하는 것은 불가능하다." 이처럼 친
일파는 한국 사회에서 원죄와 같은 존재이다. 원죄는 인간을 죽음
의 절망으로 이끈다. 인간은 자비로운 신에게 그 '원초적 죄성'을
고백함으로써 구원을 받아야 한다. 그렇게 원죄와 같은 친일파를
청산하면 한국 사회는 신의 정의로움을 회복할 것이다. 나아가 친
일파 그들의 더러운 영혼도 구원을 받게 된다.(『해방전후사의 재인식』 1
권, 이영훈, 51쪽)

식민지근대화론은 낙후되고 양반들에게 착취 받던 조선 민중이

문명개화 된 일본에 의해 법치가 도입되고 교통, 보건, 경제가 모두 발전되어 정치적 억압은 있었지만 한반도에 큰 혜택을 주었다는 것이다. 하지만, 이러한 주장은 지나치게 미군정과 이승만을 악의 핵심으로 간주하는 종북사관처럼, 근본적인 한반도 지배의 목적이 자국의 이익을 가장 우선시하였던 일본을 지나치게 선량하게 인식한 역사적 진실과 실제적 사실에 어긋난 주장이다.

일본 본토의 산업과 경쟁 관계에 있는 부분은 자신들의 이익을 침해할 것이 분명함으로 투자와 육성을 외면하고, 인구에 비하여 절대농지가 부족한 벼농사의 단일품종으로 조선산업을 경영하여 생산량과 자연재해에 따른 가격변동에 매우 취약한 산업구조를 만들었다. 그런데도 이들은 무비판적인 주장을 계속하고 있다. '따라서 이러한 임금 정체와 소득분배 악화 현상은 일제하에서 경제성장이 없었거나 기형적이거나 부실했다는 것을 뜻하지 않는다. 그것은 근대 경제성장이 진행되는 가운데, 근대 의학 및 공중 보건제도의 전면적 도입에 따라 갑작스럽게 사망률만 낮아져 인구구조 및 노동시장의 균형이 깨진 결과일 뿐이었다. 비숙련 노동자집단의 소득향상이 뚜렷하지 않았던 것은, 전통 조선 사회가 근대 세계에 개방되어 근대 사회로 재편되는 과정에서 생겨난, 근대 경제성장의 불가피한 산물이었다.(『해방전후사의 재인식』 1권, 127쪽)'

산업뿐만 아니라 교육에서도 일제는 고등교육을 받은 조선인들이 많아지면 자치와 독립의 요구가 많아질 것을 우려하여 일본에서는 의무교육을 실시하면서도, 한국에서는 교육 확대에 매우 소극적

이어서 1945년 미군정의 조사 결과 문맹률이 78%에 달했다. 또한, 전문기술자 양성을 회피하여 해방 이후 적산 공장을 운영할 기술자가 없어서 큰 어려움을 겪었다.

1930년대 후반에는 만주국이라는 큰 시장이 생겨나서 북한지역에 중화학 공업 투자가 많이 발생하였으나, 대부분 자본과 기업주가 일본인이어서 이윤 대부분을 가져갔다. 민족자본이라면 대지주였던 인촌 김성수가 설립한 경성방직을 포함하여 매우 소수에 불과하여13), 은행에서의 대출과 공장허가, 토목사업 허가권을 70만 명의(해방 당시의 인구) 일본인에게 몰아준 결과를 여실히 보여준다.

결국 조선은 해방될 때까지 공장의 수도 제한되었고, 공장에 종사하는 인구도 매우 적은 한정된 공업발전밖에 하지 못했다. 이 때문에 거시적인 시각으로 보면 일본은 조선에 쌀의 모노컬처 경제(monoculture economy)를 강제했다고 평가되는 것이다. 식민지 조선이 궁핍했던 원인은 수탈에도 있지만, 그보다 더 큰 것은 쌀의 모노컬처 경제였다. 더욱이 1920년부터 쌀가격이 장기적으로 하락하는 경향을 보였으므로, 궁핍한 것은 당연했다. 개발도상국 대부분이 그다지 수탈당하지 않았는데도 가난했던 이유는 모노컬처 경제 때문이다. 한 종류만 생산하니 그 가격이 낮아져도 별다른 방법이 없는 것이다. 식민지 조선에서도 대부분 농민은 일본이 필요로 하는 쌀을 강제적으로 생산해야만 했고, 경작작물을 선택할 자유가 없었다. 쌀 가격이 내려가도 어찌하지 못했다.

---

13 조선인들이 가난하였던 중요한 이유 중의 하나는 대부분이 소작농이라서 쌀의 일본 수출에 따른 이익을 대지주들이 가져갔기 때문이다.

┃ 항일민족주의자와 온건한 민족주의자

30년 이상 계속되고 있는 문화, 역사학계의 전방위적인 '친일과 항일'의 이분법적 역사관은, 북한 항일역사의 선명성을 강조하는데 봉사하는 정치적 목적에 이용되면서 대한민국 국민을 양극단으로 갈라놓고 있다. 그렇다면 99% 아니 99.9%의 일제 식민지 국민은 친일 부역자라는 죄책감을 원죄로 영원히 가져가야 한다는 말인가?

미군정 입법위원에서는 친일파와 관련된 처벌 대상을 아래와 같이 예상하였다.

기초위원회로서는 부일 협력자의 수를 전 국민의 약 0.5퍼센트 10만에서 20만, 민족 반역자의 수를 약 0.003퍼센트 천명 내외, 전범자 수를 약 20~30명, 간상배의 수를 약 0.05퍼센트 만 명에서 2, 3만 명 정도로 가상하여 보았다.

최태신, 『민족 반역자 부일협력자 심의 방청기』에서[14]

한반도의 인구로 따지자면 1940년대의 국내와 국외의 항일운동가를 모두 합쳐도 1% 정도의 수준에 불과할 것인데, 친일이냐 아니냐로 국민을 나누는 정치 선동은 억지이고 시대착오적이다. 북한이 주장하는 것처럼 오로지 공산 빨치산 투쟁만이 민족을 위한 것이고 높임을 받아야 한다는 주장은, 일제의 강력한 억압 속에서 민족의 역량을 키워나가며 민족의 이익을 지키려 했던 조선 민족에 대한

---

14   임헌영, 「해방 후 한국문학의 양상」, 『해방전후사의 인식1』, 657쪽
　　　반민특위는 반민족행위자로 686명을 선정하였다.

모욕이다.

하물며 김일성 일파의 대단치 않은 독립업적과 중국 공산당, 국제 공산당(코민테른)의 이익에 우선하여 봉사하다가 결국 스탈린과 모택동의 동아시아 패권 책략에 자발적으로 동조하여, 민족을 불구덩이로 던져버린 일당들을 민족의 최고 영웅으로 칭송하는 것은 완전한 희극이다.

한편, 뉴라이트사관은 식민지근대화론을 필두로 일제 찬양, 무비판적 이승만 찬양, 독립운동가 모욕을 일삼는 신우익이라 불리는 세력까지 탄생시키며 또 다른 시대착오적 역사관을 대중들에게 전파하고 있다.

이들이 큰 세력도 확보하지 못하고 (종북주의자들과 달리) 제도권에도 대부분 진입하지 못하는 이유는 상식적인 수준에서의 역사관이 없기 때문이다. 일제의 한반도 지배목적은 자신들의 이익이 최우선이었고, 우파가 계속 좌파에게 공격받는 원인이 이승만의 불명예 하야와 박정희의 죽음에 따른 5.18의 비극이었으며, 민족의 존엄을 위해 풍찬노숙하며 싸워나간 독립운동가들을 폄훼하기 바쁜 이들의 주장이 한국 민족의 상식적 정의관과 역사관에 부합하는 것인가?

종북사관과 뉴라이트사관 모두 민족 전체를 아우르는 역사를 쓰지 못하고, 특정 정파의 이익을 대변하는 편협한 역사관이므로 21세기 대한민국을 위한 원대한 역사관으로는 적합하지 않다.

필자가 제시하는 새로운 역사관은 대한민국 건국의 주역을 국외의 항일 독립운동가들과 국내의 온건한 민족주의자들, 비타협적 민족주의자들, 북에서 내려온 기독교 민족주의자들의 합작으로 보는 것이다. 임시정부의 상징인 김구를 포함하여 최고의 이론가였던 조소앙, 실무를 담당했던 신익희, 광복군사령관 지청천, 초대 국방부장관 이범석, 김구의 아들이며 공군사령관 김신, 미군정 통위부장 유동열, 민정장관 안재홍, 초대 대법원장 김병로 등 많은 민족 지도자들이 대한민국 건국에 동참했다. 김구의 경우 반공 민족주의자인 것은 분명한 사실이며 남북협상 당시 북한에 남으라는 김일성의 회유에도 남한으로 귀환하였고, 1949년 당시 이승만 정권과 북한을 함께 비판하고 정치 세력을 키워나가며 정치적 재기를 도모하던 중이었다.

국내의 민족주의자들은 1931년 만주사변 이후 비합법적 독립운동은 거의 사라진 상황에서, 민족의 생존과 미래를 위해 소극적 협력을 통한 정치적 모색을 할 수밖에 없었다. 물론, 민족을 배신한 매우 적극적인 친일협력자들이 존재했던 것도 사실이다.

대표적인 국내 민족실력 양성지향의 인물은 인촌 김성수이다. 2009년 (사)민족문제연구소의 『친일인명사전』에 등재되었지만, 일제시대를 실제로 살았으며 고통받았던 사람들이 선정한 1948년 반민특위, 2002년 광복회의 친일파명단에는 포함되지 않아 동시대 민족 동포들에게는 양심적인 민족주의자로 인정되었다고 보아야 한다.[15]

---

15   김남채, 「대인 잡는 소인배」, 「인촌 김성수」, 133쪽

강제 동원된 노동자는 억울한 희생자로 지속적으로 강조하면서, 강제 동원된 연설가와 예술가들은 친일 부역자가 되어야 하는 것이 합당한가.

  김성수는 송진우, 김병로 등과 함께 호남 대지주 가문의 일원으로서 민족언론, 민족교육, 민족자본을 위하여 헌신적인 삶을 살았다. 동아일보를 설립하고 고려대학교의 전신인 보성전문학교 인수 및 운영, 규모 있는 조선인 기업이 매우 희소하였던 상황에서 경성방직을 설립하였으며 3·1운동 당시에는 많은 자금을 후원한 것으로 알려져 있다. 해방 후에는 한민당의 주요 인물이었고, 1951년에는 제2대 부통령이 되어 전쟁 기간 국정에 참여하였으며 1952년 이승만의 부산정치파동을 맞아 민주주의 유린에 분노하여 사직하였다.

  김성수가 전라도를 대표하는 온건파였다면, 경상도에는 대구의 유력가문인 달성 서씨의 서상일이 있었다. 서상일은 3·1운동 이후에 독립운동을 벌였고, 동아일보 대구지국장의 언론활동과 미곡상을 통한 경제활동, 교육운동 등을 활발하게 하였다. 해방 이후에는 제헌의회 헌법기초위원회 위원장, 이승만 독재 반대운동, 조봉암과 진보당 창당 추진 등의 정치활동을 전개하였다.

  서상일은 1931년 『합법운동과 비합법운동에 관한 사견』(미출간)을 통해 신간회의 이론과 역량 부족, 간디와 같은 지도자의 부재를 지적하며 "혁명과 비합법적 활동과 합법적 활동과의 관계는 혁명은 투쟁의 목표가 되고, 비합법적 활동은 급진이나 좌경이라 할 것이고, 합법적 활동은 완진이나 우경으로 볼 수 있다. 그러나 이 우경,

완진, 후퇴는 항상 그 좌경, 급진, 전진을 전제로 하는 것"이라고 주장하였다. 그리고 이 문건을 받아 본 송진우, 백남수, 고원훈 등은 그 뜻이 넓고 높음을 칭송하였고 조만식은 탁견이라며 "생의 진로에 유일의 지침과 선거가 되겠나이다"라고 하였다.

약소민족운동에 있어서도 계급적 상반한 이해가 민족적 상합(相合)한 이해를 초과치 아니한 범위와 한도에 있어서, 합법적 수단으로서 초 계급 범민족적 국민운동의 압력적 무기를 가지고 비합법적 영역을 확대 발전시켜 가면서, 종주국 부르주아지의 전제 지배로부터 정치적 자유를 보장할 국민의회의 관문에서 자치권을 획득지 않고 분리의 자유로 비약한 해방운동을 보지 못하였다.

『'사견' 중에서, 김일수, 『서상일의 정치·경제·사상과 활동』, 183쪽

한편, 북한지역의 민족교육과 실력양성운동은 평안남도 강서군에서 태어난 도산 안창호가 세운 대성학교, 도산의 연설에 감동한 남강 이승훈이 세운 오산학교를 통해 활발하게 이루어졌다. 북한 최고의 민족주의자 조만식이 오산학교 교장이었으며 김소월, 백석, 이중섭, 함석헌 등의 많은 인재를 배출하였다.

조선이 망한 것은 거짓과 위선, 남 탓 때문이라고 파악한 안창호는 그를 따르던 최남선과 함께 인격 수양과 정신 수련을 위한 『청년 학우회』를 조직하였는데, '청년학우회는 조선 혼을 불어넣기 위해 무실·역행·자강·충실·근면·정체·용감의 7대 정신을 강령으로 하고 덕·체·지의 3육을 육성해 실력을 연마하고 1인 1기의 기술을 습

득해 자유 문명국의 기초로 삼고자 했다.'[16)

　외세에 의한 독립과 냉전의 시작으로 국토분단이라는 절체절명의 위기 상황에서, 불굴의 독립 혼을 불태웠던 임시정부 주도의 해외 독립운동가들과 일제의 가혹한 강압에 비굴한 복종과 소극적 협력을 해야 했던 국내의 온건한 민족주의자들, 비타협적 민족주의자들이 힘을 합쳐 대한민국을 건국했고, 소련의 강압적인 통치와 위성국가 건설에 항의하며 남한으로 내려온 수많은 기독교 민족주의자들이 남로당 좌파의 격렬한 폭력투쟁과 외세를 끌어들인 진정한 민족반역자 김일성, 박헌영의 공산주의자들에게 피 흘리며 지켜낸 것이 바로 대한민국이었다.

16　박재순, 『애기애타: 안창호의 삶과 사상』, 2020, 234쪽
　　　(안창호는 지식과 체력보다 올바른 인격의 덕을 가장 앞에 두었다.)

제3장 • 민족을 배신한 민족주의자

북한은 1968년 『민족의 태양 김일성장군』 이전 서적들을 통해 김일성이 1931년에 중국공산당에 입당하여 공청 동만특위 비서로 있었다고 하였으나, 그 이후에는 중공당과의 관계를 전면 부정하고 독자적인 독립운동을 한 것처럼 주장하고 있다. 또한 소련군 대위로 활동한 것도 『세기와 더불어』를 비롯하여 모든 공식문서에는 등장하지 않는다.[17]

자신들의 정통성을 민족의 구원자로서 일본제국주의와 미제국주의자와의 투쟁과 승리에서 찾는 북한이므로, 또 다른 공산제국주의인 소련과 중공의 이익을 위해 충성스러운 봉사를 했다는 사실이 치명적 약점이 될 것이 두려워서일 것이다.

『제1장 정치 제2조 조선민주주의인민공화국은 제국주의 침략자들을 반대하며 조국의 광복과 인민의 자유와 행복을 실현하기 위한

---

17   이명영, 『세기와 더불어는 어떻게 날조되었나』, 2021, 58쪽

영광스러운 혁명 투쟁에서 이룩한 빛나는 전통을 이어받은 혁명적
인 국가이다.(『북한 헌법』, 2009)'

　김일성의 중공당 입당 시기는 1930년대 초반으로 추측되는데,
중국의 만주 항일투쟁문서에 남아 있는 기록이 있다. 여기에는 28
세로 되어 있는데, 자신보다 연장자들이 많았기 때문에 부대의 원
활한 통솔을 위해 나이를 다섯 살 부풀린 것으로 보인다.

　김일성, 고려인, 1932년 입당, 학생, 28세 용감, 적극, 중국어를 할
수 있음, 유격대원에서 승진한 사람이다. 민생단이라는 진술이 대단히
많다. 대원들 가운데서 말하기를 좋아하고, 대원 사이에서 신뢰와 존경
을 받으며 구국군 사이에서도 신뢰와 존경을 받는다. 정치문제는 아는
것이 많지 않다.

위증만, '동만 특위 당. 당 간부와 인민혁명군 간부 약력(1935년 12월 20일) [18]

용감, 적극이라는 단어가 눈에 띄는데, 여기에 대해서는 수많은 한인 부대원들이 처형당한 민생단사건에 주목하지 않을 수 없다.

ㅣ두 공산국가에 충성스러운

민생단(民生團)은 1932년 2월 15일 조선총독부와 일본 간도영사 관의 조정하에 간도와 용정 조선민회 회장 이경재, 연길현 조선민 회 회장 최윤주, 서울 「매일신보」 사장 박석윤 등을 중심으로 간도 에서 발족한 반공단체이다. 이들은 중국공산당 항일부대의 중국인 과 한인들을 이간질하기 위한 선무공작을 벌였다. "간도는 자고로 조선 땅이니 응당 조선사람이 차지해야 한다", "조선사람은 조선의 독립이나 할 것이지 중국혁명에 무슨 상관이 있는가?" [19]

이 단체는 5개월 정도 활동하다 해체되고, 1934년 9월 협화회 (協和會)가 발족하여 반공 활동을 펼쳤다. 협화회는 공산 유격구 내 로 밀정을 침투시켜 "누구누구가 민생단원이다"라고 소문을 내거 나 이간질하는 편지를 보내는 공작을 하였고, 그 결과 원래부터 한 인을 믿지 못하던 중공당 만주성위는 "철저한 숙청공작을 무자비하 게 전개하라"라는 지령을 내려 한인 중간 간부들이 고문, 처형당하 는 비극적인 사건이 발생하고 말았다.

이 당시 처형 또는 살해된 한인 중견간부는 이용국·김권일(왕청

---

18 유순호, 『김일성 1912~1945』 중권, 2020, 102쪽

19 김용삼, 『김일성 신화의 진실』, 2016, 168쪽

현위 서기), 김일환(화룡현위 서기), 최창복(훈춘현위 서기), 박길
(연길현 유격대대 정치위원), 박동근(동북인민혁명군 제2군 제1독
립사 1단장) 등 500여 명에 이르렀다. 동북항일연군 총사령 주보중
은 한인 희생자 수를 2,000명으로 언급하기도 하였다.[20]

이러한 숙청의 피바람 속에서 살아남으려면 중국공산당 당원의
자격을 가져야 했고, 전투에서 선봉이 되어 용맹과 충성심을 보여
야만 했다. 여러 차례의 전투에서 구사일생으로 살아남은 김일성은
이번에는 소련군의 장교가 되어서도 이러한 생존의 습성을 계속 간
직하고 있었고, 마침내 1945년 9월 모스크바에서 스탈린으로부터
면접을 받을 때 스탈린주의와 소련공산당에 대한 높은 충성심을 보
여주어 북한의 잠재적 지도자로 낙점받게 되었으며 이는 한민족의
거대한 비극의 시작이 되었다.

본격적인 외세에 대한 반민족적 충성은 1945년 해방과 함께 북
한에 들어오면서, 소규모 자영농을 중심으로 지배적인 세력으로 존
재하던 기독교 민족주의자들에 대한 탄압이었다. 기본적으로 종교
를 부정하는 공산주의자들과 기독교인들은 화합할 수 없었고 북한
의 대표적 민족 지도자인 조만식에 대한 탄압으로 이어졌다.

조만식은 '동양의 예루살렘'으로 불리던 평양 출신으로 숭실중
학교에서 기독교에 입문하였고, 일본 메이지대학에서 마하트마 간
디를 알게 되어 비폭력운동에 매료되어 귀국 후 교육운동, 국산품
애용운동, 신간회 평양지부장, 평양 YMCA 총무, 조선물산장려회

20   위의 책, 170쪽

회장 등의 활동으로 해방 당시 명실상부 북한 최고의 기독교 민족
주의자였다.[21]

그러나 찬탁과 반탁의 정치대립 상황에서 그는 소련 군정의 협박
과 회유에도 끝까지 반탁을 고수하여, 결국 공산제국주의를 자신의
조국으로 삼던 김일성과 소련군에 의해 1946년 1월 5일 고려호텔
에 연금되고 만다. 이후 6·25전쟁이 터지고 1950년 10월 18일 평
양에서 공산군이 후퇴할 때 우파인사와 치안사범 500명과 함께 처
형되고 말았다.[22]

그에 반하여 오로지 자신의 정치적 야망을 이루기 위해 민족을
지옥의 전쟁터로 몰아넣은 김일성은 소위 '국토완정론'을 주장하며,

21 안문석, 『북한 현대사 산책』, 2016, 80쪽
22 조만식의 머리카락과 손톱을 가지고 탈출한 부인 전선애 여사는, 91년 국립 현충원의 추모식과 안장식
    에 참석하였다. "내 일신은 염려들 마라. 나는 죽으나 사나 평양을 떠날 수 없다. 나만 먼저 살겠다고 나
    를 믿고 있는 이북의 동포들을 버릴 수야 있겠느냐', 고당 조만식선생 기념사업회, 『민족의 영원한 스승
    고당 조만식 전기』, 2010

1949년 3월 7일 모스크바의 스탈린을 방문하여, 남침전쟁을 간청했다. 아래는 1994년 공개된 소련의 비밀외교문서다.

김일성 스탈린 동지. 이제 상황이 무르익어 전 국토를 무력으로 해방할 수 있게 되었습니다. 남조선의 반동 세력들은 절대로 평화통일에 동의하지 않을 것입니다. 그들은 자신들이 북침을 하기에 충분한 힘을 확보할 때까지 분단을 고착화하려고 합니다. 이제 우리가 공세를 취할 절호의 기회가 왔습니다. 우리의 군대는 강하고 남조선에는 강력한 빨치산부대의 지원이 있습니다.

스탈린 남침은 불가합니다. 첫째, 북조선 인민군은 남조선군에 대해 확실한 우위를 확보하지 못하고 있습니다. 수적으로도 열세이고, 둘째, 남조선에는 아직 미군이 있습니다. 전쟁이 나면 그들이 개입할 것입니다. 셋째 소련과 미국 사이에 아직도 38도선 분할 협정이 유효함을 기억해야 합니다. 이를 우리가 먼저 위반하면 미국의 개입을 막을 명분이 없습니다.

김일성 그렇다면 가까운 장래에 조선의 통일 기회는 없다는 말씀인가요. 남조선 인민들은 하루빨리 통일해 반동 정부와 미 제국주의자들의 속박을 벗어나고 싶어 합니다.

스탈린 적들이 만약 침략의 의도가 있다면 조만간 먼저 공격해올 것이오. 그러면 절호의 반격 기회가 생깁니다. 그때는 모든 사람이 동지의 행동을 이해하고 지원할 것이오.[23]

스탈린의 우려는 1949년 6월까지 주한미군이 철수하고, 모택동이 한인으로 구성된 조선의용군 수만 명을 북한에 보냈으며, 남한

---

23   위의 책, 316쪽

이 1949년 전반기에 38도 선에서 공세적 전투를 시도함에 따라 대부분 해소되었다.

중국이 북한에 특별한 조건 없이 병력을 보내 준 것은, 북한이 국공내전 당시 만주에서 패배한 중공 인민혁명군의 후방 기지 역할을 했기 때문이다. 국민당 반란군 184사단과 동북민주연군은 북한에서 부상병들을 치료하고 휴식을 취하면서 소련군에 의해 훈련되고 재편되었다. 1946년부터 1948년까지 북한 전 지역이 팔로군의 군수물자와 병사들의 수송통로이자 보급창 역할을 훌륭히 수행한 것이다. 김일성의 도움으로 기사회생한 모택동은 1947년부터 대반격을 실시하여 요심, 화해, 평진의 3대 결전에서 승리하며, 마침내 1949년 1월 31일 북경에 무혈 입성하였다.[24]

1949년 7월 25일에는 방호산의 중국군 제166사단 1만 800명이 신의주로 입북하여 조선인민군 제6사단으로 개편되었고, 김창덕의 1만 명 규모의 제164사단은 1949년 8월 23일 함북 회령으로 넘어와 조선인민군 제5사단이 되었다. 1950년에는 전우가 중국군 제20사단과 다른 조선의용군까지 함께 원산으로 넘어와 조선인민군 제12사단이 됨으로써, 총 5만 명의 동북 조선의용군은 북한 조선인민군의 3분의 1을 차지하게 된다. 게다가 이들은 국공내전에서의 풍부한 전투 경험을 가진 전투력이 뛰어난 병사들이었다.[25]

결국 김일성은 스탈린의 전략 즉, 한반도에서 전쟁을 일으켜 미

---

24 김용삼, 「김일성 신화의 진실」, 610~611쪽, '주보중장군전' 참조

25 안문석, 「북한 현대사 산책」, 2016, 351~352쪽, 이들은 1945년 일본의 패전 이후 대폭 충원된 인원들이다.

군을 아시아에 묶어두어 소련을 유럽에서 자유롭게 하고 미국과 중국의 대규모 소모전을 유도하여 두 나라의 힘을 빼게 하는 것 그리고 모택동의 전략으로 한반도에서의 소련의 영향력을 줄이고 항복한 수십만 국민군의 충성심을 시험하고 소비하는 의도에 완전히 부응함으로써 수백만 한민족의 사상자와 국토 초토화라는 미증유의 환란을 불어온 장본인이 되고 말았다.

Ι 제2 또는 제3의 김일성

1980년대까지 대한민국에서는 북한의 김일성은 전설적인 영웅인 '진짜 김일성장군'이 아닌 가짜라는 인식이 일반적이었는데, 주체사상파의 종북사관이 널리 퍼지면서 북한의 김일성이 바로 그 유명한 김일성 장군이 맞다는 주장이 많이 확산되었다. '가짜 김일성론을 주장하는 사람들이 말하는 것처럼 2~3명의 독립운동가 김일성이 존재한 것도 아니고, 죽은 김일성 장군의 이름을 북한이 이어

받은 것도 아니다. 만주에서 독립운동을 한 김일성이 바로 북한의 김일성이다. 그런데 북한은 역사적 사실에 살을 엄청나게 붙이고 없는 것도 있는 것처럼 꾸며 김일성을 우상화했다.'[26]

하지만 이런 주장은 김일성 장군의 명성이 북한의 김일성이 활동하기도 전인 1920년대에 벌써 존재했고, 1937년 11월 김일성 장군 전사(戰史)에 대한 수십 개의 언론 보도와 군사기록, 이명영 교수가 일본을 방문하여 당시의 토벌대 일본 장교들의 증언을 직접 들은 내용이 반대의 결과를 낳고 있어 논리적으로 성립하기 어렵다.

그래서 본 저작에서는 제1의 김일성 장군이 존재했고, 만주에서 성행한 위대한 인물의 이름을 다시 사용하는 전통을 이어받은 제2, 제3의 김일성이 존재한 것으로 보고 글을 이어갈 것이다.

한국과 만주지역에서는 두 명의 원조 김일성 장군이 알려져 있는데, 이명영은 『김일성열전(1974)』에서 본명이 김광서이고 김일성과 김경천이라는 가명을 쓰는 함경남도 북천 출신의 인물이 바로 그라고 주장한다.

김광서는 일본 육사를 졸업한 후 3·1운동에 자극받아 만주로 망명하여 일본 육사 3년 후배인 지청천(또는 이청천)과 한국군관학교 출신 신팔균과 의기투합하여 독립운동을 함께 할 것을 맹세하고, 다 같이 천(天)자가 들어가는 호를 지으니 신팔균은 동천(東天), 지석규는 청천(靑天)이었으며 김광서는 경천(擎天)이었다.

'1922년 2월 중순 이래 동부 시베리아, 특히 연해주에서 백군이

26   위의 책, 65~66쪽

쇠퇴하고 적군이 대두함에 따라 김광서가 거느리는 약 6백 명의 선인단(鮮人團)은 적군에 가담했다. 최근 이만 부근에서 백적 양군이 충돌할 기회에 그들은 황군에게 저항했는데 그 기세는 마치 무력 부흥을 느끼게 한다. (조선군 참모부의 연해주 방면 정세보고문서 『조특보(朝特報)』 제17호 1922년 5월 23일)'[27]

반면, 중국 연변 출신의 작가인 유순호는 본명이 김훈인 양림이 제1의 김일성이라고 주장한다. 그는 평안북도 출신으로 1920년 5월에 신흥무관학교를 졸업하여 10월 북로 군정서 중대장으로 청산리전투에 참여하였다. 1925년 2월에는 황포군관학교 제1차 동정대 학생대대 제4대대장으로 반군벌 투쟁에 참가하였다. 5월 중국공산당에 입당한 후 인민혁명군 장교와 동만특위 군사위원회 서기 등으로 활동하다가, 1936년 2월 섬북 부근의 도하작전에서 제15군단 5사 23단 1대대를 인솔하다가 전사했다.[28]

제2의 김일성은 이명영이 당시의 함흥지방법원 형사부 『혜산사건 판결서사(1941)』를 근거로 1901년생인 함경남도 출신의 모스크바대학을 나온 소련군에서 만주공산유격대에 파견된 인물이라고 주장한다.[29]

1937년 6월 당시 중국공산당 동북항일연군 1로군 제2군 6사장이 바로 제2의 김일성이라는 것이다. 여기에 대해서는 이명영 교수의 책에 매우 흥미로운 이야기가 등장하는데, 월간 잡지 「삼천리」

27 이명영, 『김일성 열전』, 1974, 『김일성 신화의 진실』에서 재인용, 32~34쪽
    한편, 소련계 조선인 임은은 『김일성정전(1989)』에서 김경천은 블라디보스토크의 극동 조선사범대학에서 군사교관을 맡았으나 무장투쟁을 하지는 않았다고 주장한다.
28 유순호, 『김일성 1912~1945』, 2020, 227쪽
29 혜산사건이란 보천보사건을 관할한 혜산경찰서에서 나온 이름이다. 이명영, 『세기와 더불어는 어떻게 날조되었나』, 2021, 172~174쪽

1937년 10월호에 장백현의 김정부(73세)라는 노인이 돈과 물자를 받아내기 위해 김일성 부대에 갔다가 납치되어 잡혀간 지 7개월 만에(1937년 4월)에 탈출한 후의 인터뷰 기사이다.

그는 유격대 근거지에서 김일성 부대장을 만난 이야기를 전하는데, 김일성은 후리후리한 키, 우락부락한 말소리, 평안도 말씨의 30세 미만 청년이며 중국말을 잘한다고 진술했다.[30] 인물의 묘사가 북한의 김일성과 흡사하다. 그렇다면 이 사람이 진짜 김일성일까?

여기서 우리는 당시의 항일유격대나 마적두목들이 대부분 가명을 쓰고, 신분을 위장하기 위해 대역을 이용했다는 것에 주목해야 한다. 실제로 본명이 김성주인 북한의 김일성이라는 이름도 가명이고[31], 1935년 2월 이홍광 부대에 납치된 일본인이 만난 남장을 한 19세 정도가 되는 미모의 여성이 이홍광 사장이었다고 알려진 것이다. 물론 나중에 밝혀진 동북인민혁명군 제1군 제1사 이홍광 사장은 경기도 용인 출신 25세의 건장한 남성이었다.[32]

상식적으로 생각해보아도 보안을 생명같이 여기던 빨치산 유격대에서 부대장의 정체를 그렇게 허술하게 노출할 까닭이 없다.(이명영은 「삼천리」 1937년 10월호를 발견한 경위를 설명하는데, 북한의 김일성에게 불리한 자료는 인멸되고 일본의 도서관에서도 오려져 있는 것을 보았던 그가 수십 년 만에 「삼천리」 발행인인 김동환의 아들 김영식 씨가 고서점을 통해 발견했다는 연락을 받고 진

---

30 위의 책, 146~149쪽
31 마침 김성주가 김일성이라는 별명을 쓰고 있어서, 위장전술로는 훌륭한 것이었을 것이다.
32 위의 책, 149~150쪽

본을 확인했다는 것이다.[33])

이명영은 1973년에 일본 하카타에서 만주군 토벌대 장교였던 야기 하루오(八木春 雄)를 만나 6사장 김일성의 전사 장면을 전해 들었다.

'일·만군 부대는 한인들이 많이 섞인 부대가 양목정자 쪽으로 이동했다는 정보를 얻고, 마침 김일성부대가 관내에 들어왔다는 정보도 있었던 터이므로 필시 김일성부대일 것이라고 판단하고 좇아갔다. 아침 식사 준비를 하느라 쉬고 있는 것을 발견했다. 한복을 입은 여대원 5, 6명이 재봉 일을 하는 것도 보였다. 아주 가까운 거리까지 가서야 교전이 벌어졌다. 대장인 듯한 사람이 총에 맞고 쓰러지자 "김 사령(司令) 죽었다"를 연발하며 공비 대원들이 반격해 왔다.

죽은 김 사령의 시체를 놓고 쟁탈전이 벌어지기 5시간여에 공비부대는 김 사령의 시체를 버린 채 도주했다. 목(首) 실험이란 것은 시체가 누구냐 하는 것을 확인하는 것인데, 내가 그것을 담당했다. 1936년 6월과 8월 두 차례에 걸쳐 김일성부대가 산영자란 부락을 습격했을 때 부락민을 모아 놓고 김일성이 직접 선전 연설을 한 일이 있어 그들은 김일성의 인상을 알고 있었다. 그들에게 보였더니 틀림없는 김일성 사장이라는 것이었다. 나이는 내가 보기에는 35~36세가량이었다고 기억한다.'[34]

---

33 위의 책, 186쪽
34 이명영, 『김일성 열전』, 김용삼 『김일성 신화의 진실』에서 재인용, 214쪽
    김일성의 전사는 37년 11월 18일 자 「경성일보」에 실렸다. 「…19세 때 인민전선의 메카 모스크바에 잠입…녹림 유일의 인텔리 김일성은 곧이어 도당의 수괴에 앉혀졌으며…김일성은 토벌군에 쫓겨 드디어 36세를 일기로 악몽을 청산, 파란 많은 생애의 막을 닫았다.'

　한편, 보천보사건은 1937년 6월 4일 308가구, 경찰 주재원 5명에 불과한 산골마을을 습격하여 파출소, 학교 등을 방화하고 주택과 상가를 약탈한 사건으로, 일본 상인 1명이 사망하고 일본 경찰관의 두 살짜리 딸이 유탄에 맞아 죽은 사소한 보급투쟁이었는데, 북한의 김일성인지 다른 김일성인지는 모르지만[35] 그는 보천보에 가지도 않았다는 것이 습격에 참여했던 유격대원들의 증언이다. 다

---

35 김일성연구자로 이명영 교수와 서대숙 교수가 유명한데, 이 교수는 전설의 김일성 장군과 북한의 김일성은 다른 인물이라고 주장하고, 서 교수는 북한의 김일성이 바로 그 김일성 장군이라고 주장한다. 필자는 몇 가지 합당한 이유로 이 교수의 주장이 옳다고 판단한다.
　1. 이명영은 1차 사료와 증언에 중점을 두고, 서대숙은 1945년 이후의 자료에 중점을 둔다. 그러므로 이 교수의 연구에 더 높은 점수를 줄 수밖에 없다.
　2. 북한의 김일성이 활동하기 전인 20년대부터 김일성 장군의 이름이 등장했고, 37년 11월의 김일성 전사에 대한 수십 개의 언론 보도와 군사기록, 38년에 다시 등장하는 김일성부대의 기록으로 판단하건대 최소한 2명 이상의 김일성이 있었다는 사실이다.
　3. 같은 부대에 두 명의 김일성이 있었다면, 중학교 중퇴의 북한 김일성 보다는 모스크바대학에서 공부하고 코민테른이 파견한 인텔리 김일성이 지휘관이 되는게 합당하다.
　4. 중국공산당 동북항일연군 최고위 지휘관 주보중의 『동북항일유격일기』에서 김일성은 별다른 두각을 나타내지 못하지만, 9살 연상의 김책은 여러 고위직과 높은 평가를 받고 있다. 또한, 소련 극동군 제88 독립보병여단에서 전설의 맹장이 고작 300명의 소부대장이라는 것은 북한의 김일성이 37년 보천보의 김일성 장군은 아니라는 것을 보여준다.
　5. 인민군 작전국장이었던 유성철(兪成哲)은, 88여단 김일성부대에서 통역관으로 있었으며 그의 회고록 『피바다의 비화(91년)』에서 보천보 습격의 김일성 장군은 전사하였고, 북한의 김일성은 전사한 인물의 명성을 이용하였다고 주장하였다. 유성철이 소련파로 김일성에게 적대적인 인물이긴 하지만, 빨치산부대원들에게 직접 들은 내용이라는 점에서 높은 가치가 있다.

음은 보천보사건 당시 경위중대 기관총 소대원이었던 강위룡으로
부터 직접 들었다는 박경환(가명, 요령시 안산시 거주, 1987)의 증
언이다.

"…그때 다른 사람이 '강 국장(강위룡은 용정현 부현장과 용정공
안국국장이었다.)은 김일성의 경위원(경호병)이었으니, 혹시 김일
성한테 축지법이라도 배운 것이냐?'고 물었다. 그러자 강위룡은 너
털웃음을 쳤다. '축지법은 무슨 개뿔"이라고 했다. 보천보이야기도
그때 나왔다. "김일성이 나뭇잎을 타고 압록강을 건넜다는게 사실
인가?"라는 질문에 "그는 보천보에 오지도 않았다"고 대답했다.
　여기까지는 내가 직접 강위룡한테 들은 이야기다. 그런데 후에
듣자니 강위룡이 북조선으로 돌아간 뒤에도 이런 이야기를 하다가
하마터면 숙청당할 뻔했다고 한다.(중략)'[36]

　마지막으로 1934년 나자구전투(블라디보스토크 북서쪽) 때 용맹
을 떨치던 (제2의 김일성인지 북한의 김일성인지는 판단하기 쉽지
않지만) 김일성부대에 대한 증언인데, 비록 공산주의자들이었지만
망국의 백성이 되어 만주의 산하에서 중국공산당과 일본 토벌대에
게 희생되어 뜨거운 피를 흘린 수많은 무명 항일유격대원들의 명복
을 빈다.

　'문 대대장 이름은 문성만인데 동녕현성 사람이었다. 노아령의 바
투라는 큰 만주족 동네 족장이었다. 그 동네 사람 대부분은 노아령

36　유순호, 『김일성 1912~1945』 하권, 108~111쪽

에서 삼림 벌채나 사냥을 주업으로 하고 살았다. 문 대대장은 만주 사변 이후 동네에서 총 가진 젊은이들을 모조리 모아 만주군으로 편성했다. 나자구 전투 당시 문 대대장은 병사들에게 이렇게 연설했다. 김일성이라는 아주 지독하게 악질인데다 싸움 잘하는 유격대가 나자구 근처까지 왔다면서 우리가 선수 쳐서 먼저 습격하자고 했다.

그런데 습격하러 갔던 부대가 매복에 걸려 30여 명이나 죽었다. 한 해 전 구국군이 동녕현 성을 공격할 때도 서산포대를 습격한 것이 김일성부대였고, 나자구에서도 부락 서쪽 박격포 진지를 날려보낸 것이 김일성부대였다. 김일성부대 대원 수는 그리 많지 않았지만, 아주 싸움을 잘하는 부대로 소문났다. 그때 김일성은 중대장 아니면 소대장이었을 것이다.'[37]

---

37 장택민(蔣澤民), 중국인, 항일연군 생존자, 취재지 요령 성 심양(2000~2001), 유순호,「김일성 1912~1945」상권, 584쪽

제4장 ● 식민지 조선 2등 신민들의 삶

한반도의 인구는 1910년의 13,128,780명에서 1943년 25,827,300명으로 거의 2배가 되었다. 그것은 위생보건의 향상에 의한 것인지 출생률의 높은 증가로 인한 것인지의 여부에 상관없이 부인할 수 없는 사실인 것이다.[38]

하지만, 고등학교 제도를 도입하지 않아 일본 본토의 대학에 입학하려면, 일본의 고등학교 과정을 수료한 후에 입학이 가능한 지경이어서 조선인들을 일본인의 농노(農奴)로 삼으려 했다고 보아도 무방하다. 현재의 중학교인 고등보통학교는 5년제(1920년)였고 4년제 대학은 경성제국대학이 유일하였으며 학부도 법문학부와 의학부 2개 학부에 불과하였다. 그래서 정치학부와 경제학부에 들어가려면 일본의 제국대학으로 진학할 수밖에 없었다.[39]

조선인들은 1922년 11월 '조선민립대학기성회'를 결성하여 전국적인 모금 운동을 전개하였으나, 일제 당국의 방해와 극심한 홍

---

38 송규진, 『통계로 보는 일제강점기 사회경제사』, 2018, 31~35쪽 (1910년의 출생률은 13.56%였고 1938년의 출생률은 35.78%였다.

39 정종현, 『제국대학의 조센징』, 2019, 57쪽

수, 가뭄이 발생하여 실패하고 말았다. 결국 식민지 조선에는 소수의 연희전문학교, 보성전문학교 등의 실용 위주의 전문대학만 존재하게 되어 해방 당시에 극심한 인재난을 겪게 된 것이다.

1910년에서 1943년까지 미곡의 경작면적은 12% 증가했고 수확량은 80% 증가하였는데,[40] 대부분 대지주의 이익으로 돌아가고 대량의 쌀이 일본으로 수출되어 소작농들은 늘어난 인구에 따른 인구압력과 영세한 농업 규모로 인해 가난과 굶주림에 시달리고 있었다.

1930년도에는 만주사변과 중일전쟁의 영향으로 한반도 북부지역에 중화학공업이 크게 발전하였지만, 대형 공장들은 대부분 일본인의 소유였다. 1944년에 납입자본금 백만엔 이상으로 한반도에 본점을 둔 공업회사는 213개 사였는데 그 가운데 91.55%에 해당하는 195개 사가 일본인 소유였고, 조선인 회사는 18개 사 8.45%에 불과했다.[41] '식민지 근대화론'의 허망한 내용이다. 빈 껍데기였다.

자본과 전문기술을 일본인들이 독점하고 있었기 때문에, 해방 이후에 광공업 공장의 운영 기술자가 턱없이 부족하여 남북한은 매우 큰 어려움을 겪게 된다. 소련 군정은 급여를 제공하는 조건으로 일본인 기술자들을 억류하여 문제를 해결하였으나, 미군정은 그러한 조처를 하지 않아 공장 가동률이 급격히 떨어져 해방 정국의 혼란을 가중시켰다.

한편, 남한에 돌아온 해외 독립운동가들과 북한의 빨치산부대들만으로는 행정력과 지식인이 매우 부족하였으므로, 모두 일본에 유학한

---

40 송규진, 위의 책, 77쪽
41 송규진, 위의 책, 176쪽

제국대학 전문가들을 적극적으로 유치하였다. (북한에는 조선계 소련인 수백 명 이상이 입국하여 사회주의화와 행정업무를 지원하였다.)

교토제국대학 공학부 교수였던 리승기는 해방 이후 서울대에 잠시 있다가 월북하여 합성섬유 '비날론'을 개발하여 북한 주민들의 의생활에 크게 기여하였고, 같은 대학 이학부 교수였던 이태규는 1945년 서울대학교 이공학부장, 1946년 7월 조선화학회를 설립하여 불모지였던 한국 화학분야의 기반을 다졌다. 리승기는 애국열사릉에 묻혔고, 이태규는 한국 과학자 가운데 최초로 서울 국립묘지인 현충원에 안장되었다.[42]

또한, 도쿄제국대학 의학부를 졸업한 최응석은 김일성종합대학 교수 겸 병원장, 북조선보건연맹 위원장을 맡았으며, 같은 대학 공학부를 졸업한 최성세는 북한 국가기술위원회 위원장, 한형기는 김일성종합대학 공학부장을, 이종일은 서울대 교수, 장영철은 건국대 교수를 맡아 국가건설에 참여했다.[43]

---

42   정종현, 위의 책, 169~175쪽
43   정종현, 위의 책, 289쪽, 94쪽

┃ 일본인 보다 더 일본인처럼

1931년 만주사변 때부터 1945년 패망까지의 시기를 일본은 '15년 전쟁'의 시기라고 부른다. 일제는 공식적으로 한반도를 병참기지화 하겠다고 공언했으며, 황국신민화 정책과 민족말살정책이 강력하게 실시되었다. '전진 병참기지로서의 사명을 가진 반도가 현시국 아래 이러한 참화(1939년의 대가뭄)를 만난 것은 실로 매우 큰 타격이었다.'[44]

조선총독부는 1937년 10월 2일 '황국신민 서사'를 제정하여 각종 조회, 행사에서 반복 낭송하게 하고, 학생들에게 열성적으로 쓰고 외우게 하였다.

'황국신민 서사' (중등학교 이상의 생도 및 일반인용)

1. 우리는 황국신민이다. 충성으로 군국(君國)에 보답하자.
2. 우리 황국신민은 서로 신애협력하여 굳게 단련하자.
3. 우리 황국신민은 인고단련(忍苦鍛鍊)하여 힘을 길러 황도(皇道)를 선양하자.[45]

1930년대 이후 한반도에서는 비합법적인 독립운동은 거의 사라졌고, 합법적 활동으로서 민족개량론(실력양성론)과 자치론이 주류였는데, 일제에 적극적으로 협조하였던 특정 부류들은 한민족 자체가 사라지고 일본인이 되어야 한다고 주장하는 그야말로 반민족 행위를 자행하였다.

---

44 조선총독부, 『시정 30년사』, 박찬승 외 3명 역주, 943쪽
45 위의 책, 1264쪽

당시 친일파 주류는 이광수, 최남선 등으로 조선인의 정체성을 지키면서 일본제국의 일부가 되겠다는 '평행제휴론'과 '조선 자치'를 주장하였는데, 현영섭과 이영근 등은 조선인과 일본인이 완전히 하나가 되어 일본제국주의의 동등한 신민이 되자는 '동화일체론'을 주장하였다.

현영섭은 중추원 참의를 지낸 현헌의 아들로 경성제일고보에 다니면서 당시의 유행인 사회주의를 알게 되었고, 1931년 경성제국대학의 법문학부 영문과를 졸업하고 상해에 가서는 남화 한인청년연맹에 가입하면서 무정부주의자가 되었다.

일본으로 건너가 치안유지법 위반 혐의로 체포되어 감옥에 들어가게 되는데, 아무래도 혹독한 고문과 회유로 인해 친일로 전향하였을 것이며 극우 민간단체인 '녹기연합'에 가입하여 '조선어 전폐론' 등의 반민족 활동을 벌였다. 그의 글을 한번 살펴보자.

지나사변에 즈음한 조선인의 총후열성(銃後熱誠)[46]은 아직 충분치 않지만, 이와 같은 행동은 갚음이 되고, 명실공히 황국신민이 되는 길을 앞당기는 일이 될 것이다. 아직 우리는 조건부 일본인이다. 선거권도 없고, 의무교육도 없고, 병역에 나갈 의무도 주어지지 않은 것이다. 노골적으로 말하면 우리의 생활 정도는 낮고, 또 애국심에 있어서 내지인 보다 아직 특별한 차이가 있기 때문에 어쩔 수가 없는 것이다. 남의 집에 양자로 들어간 사람이, 바로 금고의 열쇠를 건네받을 리가 없는 것이다. (중략)

---

46 후방, 즉 한반도 내에서의 애국활동을 말한다.

나는 꿈꾼다. 반도(半島)의 청년이 대다수 임금과 나라를 위해 기쁘게 죽는 날을! 완전히 일본화된 조선인 중에서 재상(宰相)이 나오는 그 찬란한 날을! 백년 후일까 수백 년 후일까.[47]

조선인들에게는 참정권도, 병역의 의무도, 의무교육도 없음으로, 목숨으로 충성하는 열렬한 황국신민이 되어 대일본제국의 영광을 같이 하겠다는 말이다. 일본이 로마제국이나 대영제국을 꿈꾸고 있었기 때문에 식민지 국민이 특권을 가진 로마시민권 같은 권리를 욕망하는 것은 이해할 수 있지만, 민족의 존재 자체를 부정하는 지경에 이르러서는 일본인조차 눈살을 찌푸리게 하였다.

현영섭이 1938년 7월에 미나미 총독을 만나 "조선인이 완전한 일본인이 되기 위해서는 무의식적인 융화 즉, 완전한 내선일체화에서부터 되지 않으면 신도(神道)를 통하여 또는 조선어 사용 전폐에 의하지 않으면 안 될 줄 압니다."라고 하자, 총독은 "한 나라 한 민족의 모어(母語)를 전폐할 수도 없고, 또 조선어를 배척함은 불가하다."라고 나무랐다.[48]

사실 조선인의 초등학교 이상의 학력인구는 12.39%에[49] 불과하여 일본어 가능인구도 1941년 기준 16.61%에[50] 지나지 않아, 한국인이 완전한 일본인이 된다는 것은 어불성설이었다. 경제적 어려움과 열악한 학교 보급률 등은 이승만 정권이 들어서고 교육기관 보급에 열중한 결과로 인해 한국인의 높은 교육열을 겨우 충족시키게 되었다.

47   김기협, 『뉴라이트 비판』, 2008, 121~122쪽
48   정운현, 『친일파는 살아있다』, 2011, 104쪽
49   송규진, 『통계로 보는 일제강점기 사회경제사』, 2018, 351쪽
50   김민수 『일어해득률표』, 1973

반면에, 저항운동을 하다가 일제 고등경찰에 의해 혹독한 고문을 받고 옥사한 박영출 같은 인물들도 있었다. 그는 동래군 기장면 대지주 박인표(광복회 활동)의 아들로 1921년 동래고등보통학교에서는 일본인 교장 오다 노부유키가 조선어 사용을 금지하자, 학생들을 규합하여 식민지 교육을 반대하는 동맹휴학을 주도하다가 무기정학과 퇴학을 당한다.

박영출은 일본으로 넘어가 야마구치고등학교에 입학하였으며, 이후 교토제국대학 경제학부에 진학하여 반일 정신을 키우고 사회주의 사상에 빠져들었다. 31년에는 유학생들과 임시 귀국하여 동래 수안동 광장에서 침략전쟁과 식민지 교육 정책을 비판하는 시국강연회를 열다가 체포되어 징역 6개월, 집행유예 2년을 선고받았다.

1934년 봄, 졸업과 함께 귀국하여 이관술, 이재유 등과 '조선공산당 경성재건 그룹'으로 활동하다 검거되어, 1936년에 징역 4년을 선고받고 대전형무소에서 복역하다가 1938년 8월 옥사했다. 1977년 건국포장, 1990년 건국훈장 애국장이 추서되었다.

학우들에게 야마구치 고등학교 축구부에서의 활약과 강인한 체력으로 곰으로 불리던 그가 옥사한 것은 열악한 형무소 환경과 고문의 후유증일 가능성이 클 것이다. 일본 고등경찰의 수기 모음인 『조선 사상범 검거 실화집』에서 평안북도 경부보 스에나가 하루노리(末永清憲)는 고문을 견뎌낸 김찬에 대하여 이렇게 탄복하고 있다 '종래 다수한 사상범 중 검거 후 45일 만에 자기의 범행에 대하여 전연 개구(開口)한 인물은 타(他)에는 그 유례가 없을 것이다.'[51]

---

51   정종현, 『제국대학의 조센징』, 2019, 182~185쪽

두 엄지손가락을 앞뒤로 묶어 천장에 달아맨 다음 거의 다 죽어가는 사람을 뉘어놓고 콧구멍에 양잿물을 쏟는 것이었으며, 혹은 두 손가락 사이에 막대기를 끼운 다음 손가락 끝을 비끌어 매어 좌우로 훑어 내려가 피부가 멍들고 근육이 떨어져 나가게 했다. . 때때로 의복을 벗겨놓고 철판 마루에 알몸뚱이로 굴리면서 구두 신은 흙발로 사람을 축구공 차듯 하기도 했다. 석탄불에 달군 철봉으로 뼈가 울리게 난타하는 고문은 사람을 생죽음으로 모는 매질이었다.

『야만시대의 기록』1911년 소위 '105인 사건'에 연루돼 조사받은 곽임대의 증언 52)

박영출의 교토제국대학 경제학부 후배 유형식은 『조선인유학생동창회보』 1939년 4월호에 다음과 같이 시작되는 추모시를 남겼다. '친구들이 곰(熊)이라 부른 B형이여/ 그처럼 힘도 세고 맘도 굳세더니/ 벗어진 이마 검은 얼굴로/ 강철 같은 이론을 뿜더니/ 하루아침 비보(悲報)로 옛사람이 될 줄이야!' 53)

┃ 친일파 또는 온건한 민족주의자들

역사의 여러 장면의 이면에서 우리는, 개인들의 욕망과 그 사회의 현실적 상황을 이해할 수 있는 사실들을 알아낼 수 있다. 유럽의 십자군 원정의 경우에는 가난한 소작농으로 평생을 살아야 했던 평민의 차남 이하들에게 뜨거운 호응을 받았다. 출세와 전리품을 통한 부자가 되는 방법으로 여겨졌기 때문이다. 54)

상속에서 제외된 서자라고 알려진 아메리카의 발견자 콜럼버스,

---

52   정운현, 『친일파는 살아있다』, 2011, 140쪽
53   정종현, 위의 책, 182쪽
54   백승종, 『상속의 역사』, 2018, 117쪽 (게르만문화와 기독교의 영향으로 장자상속제가 널리 퍼져 있었다.)

같은 서자인 남미의 파괴적 정복자 피사로 등은 자신들의 운명을 개척하기 위해 목숨을 건 모험을 감행하였다.

식민지 조선에서도 1938년에 처음으로 육군 특별지원병제도가 시행되자, 보통 5~8남매였던 가난한 소작농들의 차남 이하 남성들이 대거 지원하였다. 상속을 받는다고 하더라도 작은 농지밖에 차지할 수 없었던 이들에게도 출세 욕구와 부자가 되려는 욕망은 존재했다. 게다가 1939년에는 미곡수확량이 평균의 54% 이상 감소하는 대가뭄이 들어 이 제도는 호구지책이 되었다.[55]

1939년에는 모집정원 600명에 지원자 1만 2,348명으로 20대 1의 경쟁률을, 40년에는 3,000명 모집에 8만 4,443명으로 28대 1의 경쟁률을 기록했다. 급여는 작았지만 이들에게는 2년의 복무기간 뒤에 경찰, 소방관 등의 취업의 기회가 주어졌다. 물론, 자료와 증언에 의하면 할당량을 맞추기 위한, 관청과 경찰의 압력과 강요에 의한 모집과 지원이 3분의 2를 차지했고 나머지 3분의 1이 자발적 지원이었다.

일제의 권유와 압력, 개인적 필요 등에 의해 1938년에서 1943년까지 입대한 이들은 태평양 전쟁의 전장인 뉴기니, 필리핀, 버마 등의 혹독한 기후와 정글에서 생사의 혈투를 벌여, 입영자 1만 8154명에 전사자 5,870명으로 32.3%의 전사율을 기록하였다.[56] 해방 이후에는 또 다른 조국 대한민국을 지키기 위해 한국전쟁에 참전하

---

55 정안기, 『충성과 반역』, 2020, 100쪽 (42~43년의 지원자 쇄도는 징병보다 지원병으로 나가서 좋은 대우를 받으려는 요인이 있었다.)

56 정안기, 위의 책, 366쪽

여 뛰어난 전투력으로 용맹을 떨쳤고, 대장 1명과 중장급 3명(최경록, 송요찬, 함병선) 등 86명의 장성을 배출하였다.

또한 이들은 춘천 전투와 낙동강 전투에서 눈부신 전과를 올렸는데, 육군 특별지원병 2기 출신인 육군 중령 임원택은 제6사단 제7연대장으로 병력 2,500명으로(6사단 9,300명) 소양강변과 봉의산 일대에서 북한 제2군단(3만 7,000명)의 조선의용군 편제의 최정예 2사단(1만 833명)과 격전을 벌여 북한군의 48시간 이내 점령계획을 물리쳤다. 이러한 활약으로 이천, 용인, 수원을 사수하여 국군은 한강 방어선을 구축할 수 있게 되었다.[57]

조선인들의 지속적인 참정권요구와 황국신민화 정책의 하나였던 육군 특별지원병 실시와 맥을 같이하여 식민지 조선에는 문화적 민족주의자[58]라고 불리우는 친일부역자들이 1930~1940년대에 다수 존재하고 있었다.

부르주아 지향의 온건파 민족주의자들인 이들은 조선의 자기각성, 문맹퇴치, 산업진흥 사업들을 주도했다. 참정권과 의무교육, 정치적 차별철폐를 요구하는 '국민협회'가 대표적인 단체였다. 폭넓고 다양했던 문화적 활동을 이끈 것은 독립이라는 항구적 목표를 위해 조선 민족을 부강하게 만들려는 실용적인 필요성에 대한 믿음이었다. 그것은 19세기 말의 애국계몽 운동을 상기시키는 점진적인 전략이었다.[59] 그리고 일본군의 장교나 육군 특별지원병에 지원한 동기 중에는 무력이 금지된 조선민족의 재무장을 위하여 군사기술

---

57 정안기, 위의 책, 432~435쪽
58 마이클 E.로빈슨의 표현이다.
59 우치다 준, 『제국의 브로커들』, 2020, 233~234쪽

을 익히려는 의도를 가진 무리들도 있었다.

국외의 소규모 투쟁집단만이 민족을 위해 살아갔다고 말할 수는 없다. 대다수의 조선민중은 한반도에 거주하였음으로, 굴욕을 참고 견디며 민족을 위해 일했던 온건한 민족주의자들에 대한 존중은 필요하다. 여기서는 반민특위에 함께 체포되었던 박흥식과 김연수를 살펴 보자.

조선 제일의 부자로 불리던 박흥식은 평안남도에서 소농의 자식으로 태어났다. 소학교를 졸업한 후 천부적인 상술을 발휘하며 계속 사업을 확장하여, 1931년에 화신백화점을 설립하였으며, 1936년에는 전국에 화신연쇄점 350개 이상을 운영하며 최고의 전성기를 누렸다. 이러한 그의 성공의 이면에는 제6대 우가키총독과 미나미총독과의 각별한 친교의 도움이 컸다. 한국인들은 은행대출을 거의 받지 못했는데, 그는 식산은행에서 3,000만원이라는 엄청난 금액을 대부받은 것이다. 자신의 사업성공을 위해서는 물불을 가리지 않은 인물이었다.

반민특위 체포 1호로서 기소장에 나온 그의 죄명은, 반민법 제4조 (비행기.병기.탄약 등 군수공업을 책임경영한 자), 제7조 (범죄자 옹호. 도피 협조자) 위반이었다. 그리고 국민정신총동원 조선연맹 이사, 임전대책협의회 간부 등의 10여개 이상의 친일단체 활동이었다.

하지만 그는 1949년 9월 26일 '공민권 정지 2년'의 가벼운 구형에 이어 당일로 무죄판결을 받았다.[60] 무죄 이유는 1) 피고인의 군수 비행기 공장은 중도에서 정지하여 실질적인 일은 하지 않았고 피동적으로 공장 운영을 맡게 되었으며 2) 임전보국단 등의 간부로 있으면서 실질적인 활약을 한 일이 없고 3) 신문 지상에 발표한 담화는 피동적이었다.[61] 4) 안창호 선생에게 많은 원조를 하였고, 광산·상업 등으로 교육사업에 많은 원조를 하였고 5) 해방 후 건국사업에 많은 원조를 하였다는 것이다.[62]

한편, 인촌 김성수의 동생 김연수는 교토의 제 3고등학교를 거쳐 1921년 교토제국대학 경제학부를 졸업하고, 유학 11년 만에 조선으로 돌아와 형이 설립한 경성방직의 2대 사장이 되었다. 그후 만주의 대형 방직공장, 경성방직, 삼양사 등을 운영하여 기자들이 한국 최초로 그의 가문에 재벌이라는 명칭을 붙여 주었다.

식민지 조선의 사업자로서의 숙명으로 그도 여러 개의 친일단체에 이름을 올렸고, 각종 헌금과 학병 권유 등으로 반민특위에 구속되었다. 김연수는 반성의 뜻이 뚜렷하다는 평가와 함께 무죄로 방면되었다. 그 사유는 1) 경제인으로서 민족자본 경성방직을 운영하고 일본 자본과 타협하지 않았다는 점 2) 많은 인재에게 장학금을 주어 민족의 동량으로 키웠다는 점 3) 경방 자본의 표시로 무궁화와 태극기를 나타낸 것, 경성방직의 광목 선전 포스터에 태극기를 상표로 한 점 등을 거론하였다.[63] 그리고 그의 무죄 방면에는 백

---

60   정운현, 「친일파의 한국 현대사」, 2016, 65~70쪽
61   반민특위 답변 '당시 기자들이 찾아와서 담화 발표를 요구하였을 때 나는 용어도 잘 모르는 말이 많기에
     기자들에게 적당히 만들어 내기를 부탁한 것이다.' (아래의 책, 183쪽)
62   「해방전후사의 인식」1권, 2004, 186쪽
63   정종현, 「제국대학의 조센징」, 2019, 40~46쪽

관수 제헌의원, 현상윤 고려대총장, 김동일 서울대 교수 등의 증인들이 친일단체 등재는 총독부의 강제 임명이었고 교육과 민족기업 육성들에 대한 공로가 크다고 주장하고 탄원서를 제출한 영향이 컸다.[64]

사실 기독교 민족주의자 조만식의 학병 권유 글이 총독부 기관지 「매일신보」1943년 11월 16일자에 실렸는데, 이 글은 이후에 매일신보 평양지사장 고영한이 날조해 게재한 것이 밝혀졌다. '… 해방 후 평양지사에 들렀다가 고 지사장의 자살 소식을 그의 모친으로부터 들었는데 당시 그가 고당 조만식선생의 인터뷰 기사 조작 건으로 많이 자책했다는 얘기를 들었다.(김진섭, 「매일신보」 평양지사 특파원)'[65]

끝으로 평안북도에서 1901년에 태어나 3·1운동에 가담하였고, 1947년 3월 소련 군정의 폭력적 통치[66]에 저항하여 월남한 민중운동가 함석헌선생의 글을 살펴보며, 식민지 조선을 살아갔던 우리 민족에 대한 친일논쟁에 대하여 생각해 보았으면 한다.

그만 두어라, 솔직하자, 너와 내가 다 몰랐느니라, 다 자고 있었느니라, 신사 참배하라면 허리가 부러지게 하고, 성을 고치라면 서로 다투어 가며 하고, 시국강연을 하라면 있는 재주 다 부려서하고, 영국과 미국을 욕하고, 전향을 하라면 참 '앗싸리' 전향을 하고, 곱게만 보일 수 있다면 성경도 고치고 교회당도 팔아먹고, 신용을 얻을 수 있다면 네 발로 기어도 보고 개 소리로 짖어도 보여 준, 이 나라의 지사·사상가·교

---

64 정운현, 「친일파는 살아 있다」, 2011, 321쪽
65 정운현, 위의 책, 366~369쪽
66 「씨알의 소리」 1971년 11월호에 함석헌은 소련군의 약탈, 여성들에 대한 폭력 등을 고발했다.

육자·지식인·문인에, 또 해외에 유랑 몇 십년 이름은 좋아도 서로서로 박사파·선생파·무슨 계·무슨 단, 하와이나 샌프란시스코에서는 미국인 심부름꾼 노릇을 하며 세력 다툼이나 하고, 중경·남경에선 중국인의 강낭죽을 얻어 먹으며 자리 싸움을 하던 사람들이 알기는 무엇을 알았단 말인가? 사상은 무슨 사상이고 정치는 무슨 정치 운동을 하였다는 말인가? 이 나라가 해방될 줄을 미리 안 사람은 하나도 없다. 또 설혹 어떻게 해 미리 알았다 하더라도 그래서 미리 싸웠던 사람은 하나도 없다.

함석헌, 『뜻으로 본 한국역사』, 303쪽

제5장 ● 문학이라는 거짓말

    한국의 현재 정치 상황은 좌파와 우파가 상대방을 악의 세력으로 규정하며 악마화하는 매우 우려되는 상황에 놓여 있다. 좌파는 우파를 친일파와 독재 세력의 후예로 비난하고, 우파는 좌파를 친일 선동 세력과 종북세력으로 비난하고 있는 것이다.

    이러한 상황의 원인으로서 소설 『태백산맥』과 대중 매체의 30년 넘는 지속적인 미군정, 이승만 정권에 대한 악의적인 비난과 악마화가 큰 역할을 하였다. 물론, 그들이 잘못한 부분도 많은 것이 역사적 사실이지만, 북한과 같이 해방과 동시에 소련 군정에 의해 정치적 자유를 박탈당한 상황과 비교하면 민족 스스로의 결정에 맡긴 미군정의 자유주의 정책과 국제적 통제와 감시 아래 실시한 5·10선거로 건국된 대한민국 정부의 실정도 한국인이 자유롭게 선택한 정부인 만큼 받아들일 수 있는 수준의 것임에도 불구하고 악한 존재로만 일방적으로 비방하였다.

    또한, 친일파 문제의 해결에서도 자유민주주의 국가로서, 1950

년 5월의 제2대 국회의원선거에서 반이승만 세력이 두각을 나타내었음으로[67] 당시의 국회 선출 방식의 대통령 선거에서 개혁적인 대통령을 선출하여 다시 처리하면 될 문제였다. 그런데 북한이 외세를 끌어들인 국제전쟁을 일으켜 평화적인 정치를 파괴하고 이승만 독재의 길을 열어주고 말았다.

『태백산맥』을 옹호하는 비평가들은 '문학은 역사가 아니다'라며 이념적 편향성에 대하여 항변하는데, 한편으로는 다수의 자료와 증언을 통한 '역사적 진실'[68]을 형상화했다고 하니 독자는 이 작품이 문학적 허구인지 역사적 사실인지 헷갈리게 된다. 심각한 것은 이 책이 수백만 권 이상 팔리며 독자들의 정신을 지배할 수 있는 문화 권력의 위치에 오른 것이다.

이 작품을 조금만 읽어 보아도 객관적 사실과는 무관하게 우파에 대해서는 매우 악한 존재로 규정하여 표현하는 것을 확인할 수 있다. 빨치산 대장인 염상진에 대해서는 냉철한 지식인이며 고매한 인품을 가진 혁명가로, 반공청년단 대장인 염상구와 토벌대 대장인 임만수에 대해서는 인격뿐만 아니라 외모까지도 매우 추악하게 묘사하고 있다.

- 『태백산맥』1권 염상구에 대한 묘사, 251쪽

녹동댁이 마른버짐 핀 얼굴을 훔치며 기운 없는 목소리로 변명하듯 말했다.

---

67 여기에 대해서는 유동성이 강했던 무소속의원들 상당수가 친이승만계였다는 주장이 있다. 김일영, 『건국과 부국』, 2010, 121~127

68 권영민, 『태백산맥 다시 읽기』, 1996, 273쪽

"워쩌겄능가, 나중 당할 때 당허드락도 당장 급헌 불길 꺼야제. 자네도 고 독 오른 눈구녕 봤제? 독새 눈깔이 그럴라등가, 도깨비 외눈깔이 그럴라등가. 시퍼렇게 날 선 백정놈 칼끝으로 찢어논 거맹키로 생긴 눈에 그놈이 퍼런 불 켰다 허먼 지정신이 아닝께. 고때 즈그 아부지가 훈계허로 나서면 지 애비도 찔러 죽일 놈이란 말이시. 아까도 눈치 싸게 그러코롬 허지 안 했음사 워찌 됐을지 아능가? 내 떡 함지고, 자네 고구마 소쿠리고 역전 마당에 폴세 패대기 쳤을 것이네. 그리 돼불면 속 씨리고 아픈 것은 누군가?"

– 『태백산맥』2권, 임만수에 대한 묘사, 161쪽

남 서장은 물컵을 들며 자조적인 웃음을 입가에 물었다. 남원장에서 제일 예쁘고 소리 잘한다는 경월이년을 끌어안고 희물거리던 토벌대장 임만수의 얼굴이 떠올랐다. 유난히 좁은 이마에 곱슬거리는 머리칼은 또 별나게 검었다. 콧잔등이 심하게 꺼져 있어서 콧구멍 부위가 흉할 만큼 커보였고, 움푹 들어간 눈의 흰자위에는 핏기가 서려 있었다. 천기가 흐르는 생김새인데다가 어딘지 모르는 잔인스러운 냄새를 풍겼다. 어제 그를 첫 대면 하면서, 네놈도 못된 짓깨나 했겠구나, 하는 것이 남 서장의 느낌이었다.

아니 우파의 인물이라고 해서 전형적으로 사악하고 외모까지 추악하다는 것은 말이 되지 않는다. 해방 당시의 좌파는 정의로웠고, 우파는 흉포한 반민족 세력이었다는 지극히 선악적인 판단에 불과하다. 실제로는 대표적인 반공청년단인 서북청년회은 당시 한반도의 최고 학력이라고 볼 수 있는 고등보통학교(현재의 중학교)를 대부분 수료한 지식인계층이있다.[69] 그들 중에 중산층 이상의 높은 교육열을 가진 북한 출신 기독교인이 많았기 때문이다.

한편, 동아시아에서 가장 유명한 역사소설인 『삼국지』에서는 유비와 관우 등을 인(仁)과 충의(忠義)의 화신으로 표현하는데, 민중의 희망과 민족의 정체성을 오랜 세월 응축하여 '촉한정통론'이라는 역사관을 예술적 허구로 형상화한 것이다.

'조조에 대한 역대 학자들의 비난들은 대부분이 거의 사실에 근거하는 일이며 결코 그에게 억울한 죄를 뒤집어씌운 적이 없다. 그런데 어찌 또 판결을 번복한다 할 수가 있겠는가? 문학 예술적인 각도로 보면, 『삼국지연의』에서 묘사된 조조의 형상은 기본적으로 역사적 사실에 부합될 뿐만 아니라 성공을 거둔 예술 전형이다. 이렇게 굳어진 전형은 매우 일찍부터 일반 민중들의 폭넓은 지지를 받아왔기 때문에 지금에 와서 그 위치를 바꿀 방법은 더욱 없다.'[70]

『삼국지연의』가 역사적 인물들을 높은 예술적 성취의 허구로 표현하여 중화민족을 통합하고 정체성을 확립하는데 크게 기여했다면, 『태백산맥』은 역사적 사실과는 부합하지 않는 내용들을 다분히 악의적인 선과 악의 이분법으로 몰아가서 오히려 민족을 극단적으로 분열시키고 민족화합의 걸림돌이 되고 있는 것이 현실이다.

문학상의 이미지와 민간의 이미지의 형성도 역사적인 과정을 거치고 있습니다. 대체로 후대로 올수록 계보에 의지하지 않고, 주관적 억측

---

69   이영석, 『건국전쟁』, 2018, 271쪽

70   심백준, 『다르게 읽는 삼국지 이야기』, 2001, 24쪽

과 개인의 취향에 따른 요소가 점점 많아집니다. 물론 근대적인 역사관을 가진 이후는 따로 논해야만 합니다. 앞에서도 말했다시피, 문학과 예술 작품의 영향력은 역사서를 능가합니다. 장터나 여염집에서 구전되는 것도 마찬가지로 그 영향력을 무시할 수가 없습니다. 민간의 인사들은 역사학자가 아니므로 엄밀하게 연구할 필요가 없으며 또 누구에게 책임을 질 일도 없기 때문에 자연히 말하고 싶은 대로 말하게 됩니다. 이런 건 원래 흔한 일이고, 크게 중요한 일은 아니죠. 하지만 루쉰 선생이 말한 것처럼 '땅 위에 길이 없었는데, 다니는 사람들이 많아지다 보면 길이 되는 법'입니다. 마찬가지로 하나의 이미지는 말하는 사람이 많아지다 보면 가짜 이미지에서 진짜로 바뀔 수가 있습니다.

이중톈, 『삼국지 강의』, 41쪽

I 미군정은 민족의 적이었나

『태백산맥』에서 냉철한 지식인이며 진실된 민족주의자로 등장하는 김범우의 미군정에 대한 정의(定義)는 역사적 사실과는 매우 다르다. 그런데 그가 『태백산맥』의 대표적인 중도적 인물[71]로 그려지기 때문에 많은 독자가 그것을 역사적 진실로 받아들일 위험성이 매우 크다.

그러나 김범우는 염상진의 그런 과감하면서 격렬한 행동 전개를 비난하거나 비판하고 싶지는 않았다. 그는 개인이 아니라 사회주의 혁명을 추진하는 조직 속의 일부였던 것이다. 그의 행동이 그렇게 전개되고 있는 것은 전체 조직의 통일된 방법이었고, 그런 방법이 동원되기까지는 현실적인 필연성과 당위성이 엄연했던 것이다. 결과적으로 그들이

---

[71] 김범수는 작품의 후반부인 6·25전쟁의 시기에 미군의 횡포에 반발하여 인민군에 자원, 입대한다.

무장투쟁을 전개하지 않을 수 없는 것은 미군정의 무력 탄압에 그 명백한 원인이 있었다. 그러니까 그들의 행위를 '폭력'으로 간주하더라도 그건 어디까지나 '방어적 폭력'이었다. 미군정은 여운형의 조선인민공화국 부인, 친일파 핵심 세력인 한민당의 옹호, 반민족 세력인 군·경찰 출신들의 재등용 비호, 공산당 활동 불법화, 청년단 구성과 공산당원들의 무차별 체포와 조직 파괴 공작, 남한 단독정부 수립으로 이어지는 폭력행위를 조직적이고 단계적으로 시행해 왔던 것이다. 그 과정을 거치면서 남로당은 지하활동 속에서도 수난과 피해로 얼룩진 세월을 살지 않을 수가 없었다. 무차별한 폭력 앞에 자기를 지킬 수 있는 방법, 그것은 또 다른 폭력밖에 없는 것이다.

조정래, 『태백산맥』 1권, 89~90쪽

이러한 진술은 『해방전후사』에 대하여 조금이라도 진지하게 탐구해본 연구자들에겐 '조직적이고 단계적으로'라는 미군정에 대한 비판이 소련 군정과 남로당에 대한 것이었을 때 오히려 역사적 진실에 가까운 것을 쉽게 알 수 있을 것이다.

잘 알려진 것처럼 박헌영과 조선공산당은 처음에는 신탁통치에 반대하다가, 스탈린의 지시에 따라 하루아침에 찬탁으로 돌아서면서 민족의 엄청난 비난에 부딪혔고, 결국 떨어진 인기에 대한 정치적 승부수로서 1946년 10월 대구 폭동[72]을 일으켜 잔혹한 폭력을 행사하여 남한 민중들에게 정치적 신망을 잃게 된 것이 객관적 진실이다. 10월 폭동에 대한 증언으로 남로당 기관지 「해방일보」의

---

72   10월 폭동의 기원에 대하여, 만주에서의 중국 공산군 대패에 대한 스탈린의 복수를 위한 지령이었다는 주장이 있다. 어쨌든 직전에 평양을 방문했던 박헌영이 소련 군정의 허락 없이 벌일 수 있는 사건은 아니었다.

기자, 남로당 핵심 간부를 맡았던 박갑동의 글이 있다.

'앞에서 현지 당부 및 인민위원회 간부들이 극성스럽게 폭동을 준비했다고 했지만, 그 모든 것이 중앙당부의 지령에 의해서 계획된 것임은 말할 것도 없다. 당시 중앙당에서는 각급 세포를 통해 선전 선동에 능숙한 당원을 개인적으로 불러 교육을 시키는 등 분주한 움직임을 보였고 몇몇 특수공작대원들이 서울 근교에서 훈련을 받는다는 소문도 있었다. 그래서 깊은 사정을 모르는 하급 당원들 사이에도 시험적인 9월 파업이 끝나면 어디서인가 무슨 사태가 일어나리라는 것을 어렴풋이나마 짐작하고 있었다. 나중에 알았지만, 9월 파업은 공산당이 폭동을 일으키는 전초전으로, 이미 투쟁계획이 세워져 있던 것을 실천에 옮긴데 불과한 것이었다.'[73]

이에 반하여 미군정은 모든 관심과 재정이 유럽과 일본에 집중되어 있어서, 한반도에서는 소련과의 충돌을 최소화하고 미국에 우호적인 정부이거나 최소한 중도적인 독립 정부를 세워 주고 하루라도 빨리 철수하고 싶어 했다. 소련의 지나친 간섭과 재빠른 위성국가 건설의 시도와 비교하여 미군정이 비난받아야 한다면 지나친 재정의 부족과 한반도 지배 욕망의 부족이 해당할 것이다.

'전쟁성의 핵심 고위층 대부분이 그렇듯이 오늘 아침에 만난 노체 전쟁성 차관보 역시 한국에는 아무런 관심도 보이지 않았습니다. 노체 장군은 후버 자문역의 조언을 인용하면서 미국은 단 두 군데 지역의 문제, 하나는 독일 그리고 다른 하나는 일본에 관해서만 관심

---

73 박갑동, 『박헌영』, 1988, 152쪽

을 쏟아야 한다고 말했습니다. 노체 장군은 우리가 전 세계의 재건을 위해 재원을 넓고 얕게 깔아버린다면 결코 성공할 수 없다고 생각하는 것 같습니다. 그래서 본관은 그 같은 주장이 옳을지는 모르겠지만 미국의 권리를 지키기 위해 군화 끈을 졸라매고 한국과 오스트리아에 주둔 중인 미군 병력에게는 불공정하다고 말했습니다'[74]

한편, 최근 한국에서는 미군정이 해방군이었는가 아니면 점령군이었는가에 대한 논쟁이 있었다. 사실 이 논쟁은 무의미한 것인데, 한국은 자신의 힘으로 독립한 것이 아니었고 오히려 많은 국내외 인원들이 일본제국의 편에서 참전 또는 부역하였으니, 미군정과 소련 군정이 점령군 역할과 해방군 역할을 동시에 하는 것은 자연스러운 것이었다.

그러한 관점에서 양 군정의 실태를 살펴보면, 미군정은 사소한 미군 병사들의 일탈행위가 있었지만 심각한 수준의 약탈은 없었으나, 소련 군정은 1946년 말까지 큰 규모의 약탈, 폭력행위가 병사 개인과 소련 군정 당국에 의해 자행되었다.

병사들 개인의 자질에도 문제가 있었는데, 소련군의 주력은 유럽에 있었고 극동 전선에는 병력이 부족하여 소련 각지의 죄인들을 석방하여 보충하였던 것이다. 이러한 잡범 출신의 소련 군인들이 소련 군정의 점령군 행세에 동참하여, 귀중품 약탈, 살인, 강간 등 수많은 만행을 자행하였다. 1945년 9월 6일 사령부의 금지령이 떨어진 이후에도 범죄행위로 사형당하는 일들이 발생했다.

---

74 1947년 7월 2일 워싱턴을 방문한 주한 군정장관 리치 소장과 전쟁성 차관보와의 대화. 김택곤, 『미국 비밀문서로 읽는 한국 현대사 1945~1950』, 2021, 259~261쪽

2차 세계대전 종전 이후 소련군의 약탈행위는 악명이 높은데, 동유럽에서 그리고 일제가 대규모 중화학공업을 건설한 만주에서 엄청난 규모로 기계설비를 뜯어갔으며, 만주에서 가져간 장비들 때문에 소련의 공업이 크게 성장했다고 한다.

아니나 다를까 소련은 중화학공업이 발전한 북한에서도 자연스럽게 함흥, 원산, 진남포, 청진 등지의 대규모 공장에서 공작기계, 방직기계, 전동기 등을 가져갔다. 또한, 아시아 최대 규모라는 압록강의 수풍발전소에서도 10만kW 발전기 3대를 실어 갔다.

쌀과 가축, 귀금속도 대량으로 가져갔는데 1945년에 244만 섬, 1946년에 290만 섬. 그리고 1945년에 소 15만 마리, 말 3만 마리, 돼지 5만 마리를 실어 냈다. 그리고 금 1.5톤과 은 5톤을 함유한 4,261톤의 금속 혼합물, 1,550톤의 형석, 454톤의 흑연정광 등을 소련으로 가져갔다.[75] 이 정도만 파악하더라도 소련군이 해방군인지 점령군인지는 분명하게 판단할 수 있을 것이다.

'일본이 물러간 땅에 소련 군대의 횡포가 이어졌다. 길거리 아무데서나 따발총을 들이대며 시계를 빼앗는 것은 물론, 부녀자를 겁탈하고 마을 양곡창고에 쌓인 쌀가마를 흥남 항구로 실어 날랐다. 우리가 농사지은 쌀을 아마도 소련으로 실어 가는 모양이었다. 그러더니 마침내 일제 말기의 어려운 시절에도 근근이 이어지던 식량 배급이 완전히 중단되었다.'[76]

---

75 안문석, 『북한 현대사 산책』, 2016, 25~27쪽
76 북한에서 평양사범대학(현재 김형직사범대학) 교수로 있다가 92년 남한에 망명한 김현식의 증언. 위의 책, 92쪽

한편, 미군정에서는 다른 성격의 문제가 심각하게 발생했다. 자유주의 국가의 나라답게 통제경제를 시행하지 않고, 자유시장 경제를 도입한 것이 문제였는데 식민지 조선에서 공동체 정신에 대하여 전혀 학습한 적이 없는 조선의 지주들은 쌀을 사재기하여 시장에 내놓지 않아 쌀값이 2개월 만에 8배나 상승한 것이다.

당황한 미군정이 뒤늦게 수매에 나섰지만, 시중 가격과 많은 차이가 났기 때문에, 지주들과 소작인들의 강한 저항을 받았고 좌파들의 주요 공격 대상이 되어 미군정의 대표 실정으로 아직 회자하고 있다.[77]

한국에 배정된 턱없이 부족한 재정은 미군정 요원의 심각한 부족[78]을 일으켰고, 좌파에 의해 가중되는 치안 불안과 행정 공백을 해결하기 위해 식민지 시대의 경찰, 관리를 대거 기용함으로써 친일파를 옹호했다는 불명예를 영원히 가져가게 되었다.

미국은 1946년까지는 소련과의 협상에 중심을 두어 재정을 소규모로 투입하였고, 1947년과 1948년에 국가건설을 위해 집중적으로 재정을 투입하였다. 실제로 1946년 10월의 미군정 인력(미국인과 한국인)은 5만 2,670명이었는데, 1947년 11월에는 15만 3,670명으로 3배 급증하였다. 그리고 대한 원조의 규모도 1946년 4,500만 달러에서, 1947년에는 2억 400만 달러로 4배 이상 증가하였다.[79]

---

77 김원, 『젊은 대한민국사: 건국』, 2015, 320쪽
78 1945년 10월의 군정요원(전술군과 군정요원)은 77,643명이었는데, 1946년 10월에는 37,918명으로 급감하였다. 이택선, 『취약국가 대한민국의 탄생』, 2020, 51쪽
79 이택선, 위의 책, 62쪽

또한, 남북한의 급여 수준을 비교하면 소련과 미국의 한반도에 대한 관심의 차이를 확인할 수 있는데, 1945년 9월 당시 한국 경찰의 월급은 3달러에 불과했지만 1946년 1월 소련 군정 아래 번역원의 월급은 약 40달러로 환산된다. 반면 북한의 위관급 장교들은 소위가 약 260달러를 받는 것이 타당하다고 여겨졌다.[80]

남쪽의 재정이 이렇게 열악했기 때문에, 경찰과 공무원의 부정부패가 만연하여 민중들의 원성을 사고 좌파들의 공격 대상이 되었던 것이다.

유럽 재건에 몰두하고 있었던 미국에게, 한국은 미국의 체면을 구기지 않고 최대한 재정 투입을 줄이면서 품위 있게 철수하는 것이 목표된 지역이었다.

- 주한 군정장관 러치 소장이 1947년 7월 워싱턴 출장 중에 하지 사령관에게 보낸 보고

(중략)

군사적 관점에서 본다면 한국은 미국의 골칫거리입니다. 무역과 통상에 관련해서 앞으로 오랜 시간이 지나도 미국이 한국인들에게 혜택을 요구하며 사정할 일은 없을 것입니다. 본인은 가끔 사령관에게 한국인들은 세계에서 가장 이기적인 국민이라고 말씀하시는 것을 들었습니다. 그들은 결코 공산주의로 개종하지 않을 것입니다. 심지어 소련이 한국을 넘겨받는다고 해도 그들은 현재보다 훨씬 더 큰 짐을 떠안게 될 것입니다. 한국인들은 민족자결의 희망이 없는

---

80   이택선, 위의 책, 111쪽

역사적「農改」遂着手
百五十五萬戶에分配
全農家의三分之二에該當

한 어느 누구와도 협조하지 않을 것입니다.

(중략)

제가 제안한 계획[81]은 한국인들의 동의를 받아낼 수 있을 뿐만 아니라 점령군에게 가해 오는 압박을 벗게 하며 돈을 들이고도 짐을 떠맡는 부담도 덜 수 있게 해줍니다. 그 대신 미국이 명예롭게 빠져나오는 길을 제공할 것입니다. [82]

ㅣ 남한 정부의 농지개혁 실패로 몰아가기

『태백산맥』에서 이승만 정권을 비난하는 내용의 핵심 중의 하나는 1949년과 1950년 봄 사이에 시행된 농지개혁에 대한 것이다. 별다른 개혁도 이루지 못했고, 지주들의 사전 토지매매로 인해 농민들이 큰 손해를 봤다는 것이다.[83]

그들이 이번에 계획하는 것은 전과 다른 방법이었다. 관을 상대로 지주들의 불법행위를 고발해 보았자 아무 소용이 없이 이쪽만 각기 소

---

81   남한의 단독정부 수립을 말하는 것으로 보인다. 러치 소장은 1947년 9월 11일 심장마비로 사망했다.
82   김택곤, 『미국 비밀문서로 읽는 한국 현대사 1945~1950』, 2021, 278~280쪽
83   이러한 비난과 부정확한 분석에 의한 개혁 부정은 『해방전후사의 인식』 1권에서도 동일하다. 유인호, '해방 후 농지개혁의 전개 과정과 성격'

작인별로 뭉쳐 지주 집으로 직접 치고 들어가기로 한 것이다. 작년 하반기에 실시한 농가실태조사라는 것이 농지개혁에는 아무런 영향도 미치지 못한다는 사실을 갇혀있는 동안에 알게 되어 그들의 분노는 한층 더 뜨거워졌다 농가실태조사를 해간 그대로 자기들이 소작하고 있는 논이 농지개혁을 통해 분배되리라 믿었던 것이고, 읍사무소 직원이나 이장도 그런 식으로 말했던 것이다. 그래서 지주들의 논 빼돌리기를 읍사무소에서 막아달라고 시위를 벌였던 것이다. 그런데 그게 참고 조사일 뿐이라는 것이었다. 그것은 사실이었다. 농가실태조사가 그러한 오해 유발을 할 염려가 있었기 때문에 그 무관성을 홍보하라는 지시가 뒤따랐지만, 좌익문제에 정신을 팔고 있던 군에서부터 그 문제를 소홀히 지나치게 되어 줄줄이 그냥 넘어가고 말았던 것이다.

『태백산맥』 6권, 187쪽

그런데 이 문제는 조금만 상식적으로 생각해보아도 지주들이 전혀 유리한 상황이 아닌 것을 알 수 있다. 즉, 이미 북한에서 토지개혁이 시행되었고 남한에서도 곧 토지개혁이 시작된다는 소문이 널리 퍼져 있었으므로, 토지가격은 폭락했고 오히려 지주들이 간청하고 회유하여야 겨우 좋은 논밭을 팔 수 있는 소작인들에게 절대적으로 유리한 시장이었다.

다음은 충청남도 서산군 근흥면 두야리(斗也里) 한철수(韓喆洙) 씨의 증언이다.

'한철수 씨는 지주 백남식.·남찬 형제의 논 11마지기를 소작 부치고 있었는데 그중 9마지기(1,718평)를 1948년 헐값에 구입했다. "당시 시세의 반값에도 미치지 못했다. 상답의 시세가 예를 들어 1,000원이었다면 백남식의 소작지는 상답에 600원, 중답에 450원,

하답이면 250원에서 200원에 매각되었다. 2마지기마저 사기에는 부담이 되어서 남에게 팔아 9마지기를 사는 데 보탰다. 지주는 안 사면 내놓으라 했지만, 워낙 헐했으니 누구나 왔다. 이렇게 헐하게 살 수 있었던 것은 지주가 빨리 한꺼번에 팔아치우려고 했기 때문에, 지주뿐만 아니라 소작인도 분배 있을 줄 다 알고 있었고 분배되는 것보다 헐한 조건으로 팔테니 사라고 했던 것이다. 사실 분배받은 것 보다 훨씬 유리했다.'[84]

현실이 이러했기 때문에 1948년 3월에 미군정이 실시한 일본인 소유 농지의 분배에 있어서도(전체 농지의 12.3%), 자소작농이나 소작농에게 유리한 조건이 형성되었을 것이다. 농지위원회의 구성과 활동도 전체적으로는 농민의 이익을 보호한 것이었다고 할 수 있다. 리(里) 농지위원들은 소작이나 소자작농이 많았고 지주들의 이익보다는 동네 농민들 편에서 활동했으며, 면농지위원 역시 규정대로 구성되었고 중소지주 보호를 위해 활동하였을 뿐 대지주와 부재지주의 이익을 옹호하는 것은 아니었던 것이다.[85]

이렇게 진행된 남한의 농지개혁은 6·25전쟁 발발 불과 몇 개월 전인 1950년 3월에서 5월 사이에, 전체 농지의 70~80%의 분배가 이루어져서 자기 농토를 가지게 된 남한의 대다수 민중이었던 농민들이 목숨을 걸고 북한군에 맞서 싸우는 결과를 낳았다.

농지개혁법은 1949년 6월 21일에 공포되고, 곧 개정 작업에 들어가 1950년 3월 10일에 최종안이 공포되었다. 하지만, 봄 파종에

---

84 장상환, '농지개혁과정에 관한 실증적 연구', 『해방전후사의 인식』 2권, 358쪽
85 장상환, 위의 책, 390쪽

맞추어 토지 소유를 명확하게 하기 위해 1949년부터 준비가 시작되었기 때문에, 대한민국의 명운을 건 토지분배가 전쟁전에 기적적으로 완료되었던 것이다.[86]

(여러 개혁안 중에서 농민들에게 유리한 농림부안이 채택되었다. 최고의 공신 세력인 한민당을 내각에서 배제하고, 과감하게 진보주의자 조봉암을 농림부 장관으로 임명한 이승만 대통령의 정치력이 돋보인다.)

한편, 북한의 토지개혁은 무상분배라는 달콤한 말만 좋았던 것으로, 실질적인 매매와 담보의 권리가 없었기 때문에 '국가의 소작농'이 된 것뿐이었다. 반면 남한의 지주들은 유상몰수로 받은 국채가 전쟁으로 인한 높은 물가상승으로 가치가 급락하여 대부분 몰락하고 말았다.[87]

재야운동가 주대환은 대한민국의 역사를, 성공을 열망한 자영농들이 피땀흘려발전시키고 자식들을 대학 보내 교육시킨 덕분이라고 높게 평가하였다. 이것은 토크빌이 『미국의 민주주의』에서 미국 성공의 비밀의 하나로 가난한 이민자들이 모두 평등한 단계에서 자신들의 성공 욕구를 위해 최선을 다한 덕분이라고 설명한 것과 유사하다고 하겠다.

그래서 대한민국의 소작농이 모두 자영농으로서 새 나라의 국민이 됩니다. 완전한 새 출발이지요. 그 사람 입장에서 대한민국을 바라보십시오. 대한민국이 '나의 나라'예요. 그렇습니다. 대한민국은 자영농의 나라로 건국되었습니다. 1950년대의 농민들은 문맹률이 높고, 그래

---

86   김일영, 『건국과 부국』, 117~121쪽
87   주대환, 『주대환의 시민을 위한 한국현대사』, 69쪽

서 흔히 말하듯이 민도(民度)가 낮았다고 합니다. 한글도 잘 모르고 해서 아무나 찍었다, 아니면 막걸리와 고무신을 받고 아무에게나 투표했다. 이러는데 제가 보기에는 자기 이익에 매우 충실하게 아주 정확하게 찍었어요. 매순간마다, 1948년의 제헌국회의원 선거와 1950년의 2대 국회의원선거 결과를 보면 당시의 국민들이 결코 어리석지 않았다는 것을 알 수 있습니다. 1952년과 1956년의 대통령선거, 그리고 1963년의 대통령선거 결과도 대단합니다. 저는 자영농을 비롯한 당시의 국민들이 대한민국의 당당한 주인으로서 주권을 행사했다고 생각합니다. 결코 만만치 않은 나라의 주인 노릇을 한 것입니다.

주대환,『주대환의 시민을 위한 한국 현대사』, 33쪽

제6장 • 조선의 혼

광해군의 중립외교를 평가하기에 앞서, 명과 청의 최초의 전면전이었던 '심하전투'에 대하여 그 전개 상황을 알아보자.

광해군은 명과 심복 이이첨 등의 거듭된 출병 요청에도 왜란 이후의 열악한 경제 사정과 나약한 군사력 등을 이유로 원병을 거부하다가 1619년 2월 마침내 강홍립이 이끄는 조총병 5,000명을 포함한 1만 3,000명의 대군을 파견하게 된다.

그런데 전투의 비참한 결말은 강홍립을 원정군의 도원수로 임명한 것에서부터 시작되었다. 파견군의 수장은 명나라와 청나라 간 험악하고 치열한 전투 현장 속에서 적절한 지휘뿐만 아니라 명나라 군대와 원활한 협력과 작전 수행을 책임져야 한다. 이 때문에 임진왜란에서 혁혁한 공을 세운 백전노장을 기용함이 마땅하다. 그러나 조정은 문관이며 어전통사(御前通使, 국왕 직속 통역관) 출신의 강홍립을 임명했다.

사실 광해군은 파병을 탐탁지 않게 생각했지만, 사대주의에 물든 사대부 중신들이 내세운 소중화 명분에 밀려 어쩔 수 없이 파병을 보냈다. 그래서 광해군은 명나라를 도와 청나라를 무찌르는 것 보다는 파견군의 병력을 최대한 보존하는 것에 방점을 두었다.

광해군의 다음과 같은 발언에서 확인할 수 있다. "명군 지휘부의 명령을 그대로 따르지 말고 오직 패하지 않는 전투가 되도록 노력하라"[88] 명령을 그대로 따르지 않으려면 강력한 지휘력이 있는 장수가 갔어야 함이며, 청의 막강한 철기군을 막아내려면 명군과의 빈틈없는 협조가 있어야 했다.

모든 것이 어긋난 상태에서의 전투는 명과 조선 군사들의 처참한 패배였다. 임진왜란에도 참전했던 명의 총병 유정은 누르하치의 차남 다이샨의 위장 전술에 속아 격렬한 전투 끝에 화약포위에 불을 붙여 다른 장수들과 함께 자폭하였으며, 조선군은 9,000명이라는 엄청난 전사자를 내고 항복하고 말았다.

명의 군대가 가장 믿었고 청나라의 기병들을 두렵게 한, 조선이 자랑하던 조총부대의 쓸쓸한 최후였다. 질 수밖에 없는 전투였는가 아니면 피해를 줄일 수는 없었는가? 강홍립이 심하전투 후에 올린 장계를 통해 그때의 정황을 알아보자.

"신이 배동관령에 도착해 먼저 후금의 역관 하서국을 보내어 후금에게 비밀리에 알리기를, '비록 명나라에게 재촉을 당해 여기까지 오기는 했으나 항상 진지의 후면에 있어서 접전하지 않을 계획이다.'고 했기 때문에 전투에 패한 후에도 서로 잘 지내고 있습니다. 만일 화친이 속

---

88   오항녕, 『광해군 그 위험한 거울』, 2012, 339쪽

히 이루어진다면 신들은 돌아갈 수 있을 것입니다."[89]

정말 놀라운 기록이다. 전투에 임하기도 전에 내통하여, 싸우지 않겠다고 하니 어찌 이길 수 있었겠는가! 청군에게 가장 위협적인 조총부대가 이러했으니, 철기군은 마음껏 명군과 조선군을 유린하고야 말았던 것이다.

이후 청에서 온 국서의 내용도 광해군과 강홍립의 전쟁에 대한 무의지와 양국 간의 교감을 분명히 보여준다.

너희 조선이 군대를 일으켜 명을 도와 우리를 친 것에 대해, 우리는 너희가 이번에 온 것은 조선 군대가 원하던 일이 아니라는 것을 안다. 바로 명나라 사람들에게 압박을 받아, 일본의 침략 때 너희를 구한 은덕을 갚기 위해 왔을 뿐이리라.. 이 넓은 천하에 없어야 할 나라가 있겠는가. 어찌 큰 나라만 남고 작은 나라는 모두 멸망해야 하겠는가. 조선의 국왕 너는 우리 두 나라가 평소 원한이나 틈이 없었으니 지금 우리 두 나라가 함께 모의해 명에 대해 원수를 갚아야 한다고 생각하는가, 아니면 이미 명나라를 도왔으니 차마 명을 배반할 수 없다고 생각하는가? 너의 대답을 듣고 싶다.[90]

심하전투의 내용은 마치 일본 전국시대의 세키가하라전투를 연상하게 한다. 그 당시에도 이시다 미쓰나리가 이끄는 서군과 도쿠가와 이에야스의 동군이 각각 10만 병력으로 맞붙었는데, 도쿠가와와 내통하고 있던 고바야카와 히데아키(小早川秀秋)와 와키자카

---

89 오항녕, 『조선의 힘』, 2010, 221쪽
90 오항녕, 위의 책, 222쪽

야스하루 등이 배반하여 전투는 동군의 압도적인 승리로 끝났다.

| 兩國敗亡之王

1930년대 일본제국은 많은 어려움을 겪고 있었다. 1929년 발생한 미국 경제대공황으로 본국의 경제 상황은 악화하였고, 식민지 조선의 통치는 조선인들의 참정권을 비롯한 여러 권리 요구가 쏟아지며 새로운 전기가 필요한 시점이었다.

이러한 상황에서 1931년에 관동군 장교들이 도쿄 중앙정부의 허락 없이 일으킨 만주사변은, 그것이 비록 침략행위였지만 일본인들과 조선인들에겐 경제난과 정치적 불만을 해소할 신천지 같은 기회였다.

인구압박과 자연재해로 굶주리던 식민지 조선인들은 만주는 원래 조선인들의 땅이었으니, 개척자로 진출하는 것은 전혀 잘못된 일이 아니라는 일본제국의 부추김에 가난한 농민, 사업가, 군인, 사회 불만 세력들 수십만 명이 이제는 제국주의의 선봉장이 되어 만주로 달려갔다.

일본 본토와 식민지 조선에서는 좋은 일자리를 얻기가 매우 어려웠던 도쿄제국대학, 교토제국대학을 졸업한 한국인들이 만주에서 고위 관료가 되었다.[91] 만주국에서 근무한 조선인 관료는 대략 3,000명 정도로 추산되며, 고등관(현재의 사무관) 이상의 조선인은 200명 안팎이다. 강영훈 국무총리와 민기식 육군참모총장 등은 만

---

91   정종현, 『제국대학의 조센징』, 231~232쪽

주 건국대학 출신이었다.[92]

중국인 폭력배에게 둘러싸인 간도 지방의 조선인들이라는 이미지는 조선인들이 만주의 원래 주민이며 통치자였다는 고토 수복주의적 주장에 의해 더 선명해졌다. 관동군 사령관 무토 노부요시(1868~1933)가 만주국 건국 직전에 경성을 방문했을 때, 조병상과 조선인 실업가들이 그에게 '만주로 간 1백만 조선인 동포들'을 보호해달라고 간청했다. 조선인 정착민들에게 내면화된 이 선구자 이미지는 북쪽 국경선 너머로 향한 조선 민족의 확장이라는 디아스포라적 전망의 암묵적 반복이었다. 그것은 19세기 말 신채호 같은 조선인 학자들과 일본인 만선사(만주와 조선 역사) 연구자들의 상상력을 사로잡았다. 그들의 정치적 목표는 다양하게 갈렸지만, 그 두 집단의 연구자들은 모두 '만주와 조선은 떼어놓을 수 없다는 것'을 강조했다. 그들은 고대 왕국이었던 고구려의 영토경계가 만주를 포함하고 있으므로 조선인들의 간도로의 이주는 "조상의 옛 땅으로 돌아가는" 과정이라고 주장했다.

우치다준, 『제국의 브로커들』, 426쪽

이러한 만주 열풍의 시기에 일본인 학자들은 만주 침략을 정당화하고 만주와 조선의 관계를 설명하는 이른바 '만선사(滿鮮史)'를 탄생시켰는데, 대표적인 학자가 바로 이나바 이와키치(稻葉岩吉)였다. 그는 일본에서 중국어를 공부하고 중국 화북에서 유학하였으며, 1909년부터 7년간 '만철역사지리조사실'에서 만주의 지리와 역사

---

92   김용삼, 『김일성 신화의 진실』, 799쪽

를 연구하였다.

1916년 이후에는 일본의 고등학교와 육군대학교에서 동양사를 강의했으며 『청조전사』, 『만주발달사』를 저술했다. 그리고 1922년, 그의 스승인 나이토 고난의 추천으로 한국의 조선사편찬위원회로 왔고, 1925년 조선사편수회가 설치되자 수사관(修史官)으로 임명되어 『조선사』편찬을 총괄했다.[93]

이나바 역시 일본 중심의 식민사관을 펼쳤는데, 조선반도는 고구려가 멸망하면서 만주와 분리되었으며 중국의 유교 문명을 심도 높게 받아들여 수백 년간의 평화는 얻었지만, 사회 각 방면에 변화가 사라진 정체된 땅으로 아시아에서 최고로 낙후되었다는 비평이었다.[94]

이나바는 이러한 만선사 연구의 하나로 1932년 6월 교토제국대학에서 '광해군 시대의 만선관계'라는 논문으로 박사 학위를 획득했다. 조선사편수회에 있으면서 『광해군일기』를 열람할 수 있었고, 조선인 수사관인 홍희(洪憙, 1884~1935)의 해석상의 도움을 받아 작성하였다.

400쪽에 달하는 방대한 내용의 이 책은 이듬해 같은 제목으로 서울에서도 책이 출간되었는데, 광해군을 두 강대국인 명나라와 청나라 사이에서 중립외교를 펼쳐 백성들에게 혜택을 준 '택민주의자(澤民主義者)'로 높게 평가하는 것이 주된 내용이다.[95]

그런데, 조선시대와 대한민국 초기에 모두 광해군은 어리석은 임

---

93   정상우, 『만선사, 그 형성과 지속』, 2022, 118쪽
94   정상우, 위의 책, 143~147쪽
95   한명기, 『광해군』, 27~28쪽

금이라는 평가가 지배적이었다. 함석헌 선생은 적극적인 자세로 시대정신에 맞게 만주로 힘차게 나아가지 못한 것을 한탄하기도 했다.

　그러나 이때라도 한번 뜻만 있다면 시험해 볼 때요, 이기지는 못하더라도 어부의 이(利)를 취할 기회는 있었을 것이다. 그러면 만주에 대한 발언권이라도 가졌을 것이다. 명나라는 이 싸움에서 우리에게 응원하라고 하였다. 임진란 때의 신세도 있으니 의리상 응원하기도 해야겠지만, 이때 한번 독자의 국책을 못 세워 볼까? 그러나 그 용기가 없었다. 겨우 2만명을 보내는 데 그치었으니 소극도 이런 소극 정책이 어디 있을까? 또 그나마도 거느리고 간 강홍립, 김경서도 그 인물이 아니어서 한낱 남의 이용물만 되고 말았고, 조정이란 것은 아무 생각없이 그저 썩어진 옛 투대로 명·청 사이에 그 어디에 가 붙는 것이 유리할까 그것만을 가리려 하고 있었다.

함석헌, 『뜻으로 본 한국역사』, 251쪽

　이러한 수백 년의 역사적 전통을 깨고 재해석하기 시작한 것이 이나바였고, 이후 이나바의 지도를 받은 홍희의 '폐주광해군론'에서 다시 강화되었으며, 북한의 『조선전사』[96]에서, 1959년 이병도의 '광해군의 대 후금 정책'이란 논문에서 중립외교정책에 높은 점수를 주었다.

　이러한 흐름은 최근 수십 년 동안 영화 '광해군', TV 드라마 '화정', 다큐멘터리 등에 지속적으로, 별다른 반대 없이 주장되어 광해

96　'광해군과 정부안의 일부 관리들은 명나라에 대한 환상을 가지고 그에 치우치지도 말며 녀진을 홀대하지도 말고 그들과의 관계를 악화시키지 않는 입장을 취할 것을 주장했다. 그들의 이러한 주장은 당시 정세를 어느 정도 옳게 인식한데서 나온 주장이었다.', 사회과학원 력사연구소, 1979, 오항녕, 『조선의 힘』, 200쪽에서 재인용

군은 어느새 '탁월한 외교정책을 벌인 개혁군주'로 대중들에게 각인되게 되었다.

그렇다면 정말 이러한 재평가가 올바른 역사적 해석일까? 여기서는 그 당시의 시대정신과 광해군의 정치를 통해 살펴보기로 하자.

사실 광해군이 국방문제를 전혀 신경 쓰지 않은 것은 아니었다. 화포를 제조하기 위한 화기도감을 설치하였고 화약 재료인 염초를 개발, 확보하기 위한 노력도 지속하였다. 후금이 거점을 통과하여 한성을 바로 공격하는 경우를 위한 방책도 마련하였다.

그런데 문제는 재정에서 발생하기 시작했다. 왕위에 오르기 전에 명나라의 세자책봉 승인 거절, 경쟁자였던 임해군과 영창대군의 죽음, 인목대비 유폐 등으로 왕권 강화에 대한 유별난 집착으로 궁궐 건설에 너무나 많은 재정을 투입하여 국방 강화가 부실해졌던 것이다.

명나라는 자국의 황태자 책봉이 아직 완료되지 않아, 차남이었던 광해군의 승인을 계속 미룬 것인데 1592년부터 1604년까지 13년 동안 모두 다섯 차례나 북경에 책봉 주청사를 보냈으나 번번이 거절당했다.[97] 그렇지 않아도 선조에게 견제를 받고 있던 광해군은 피를 말리는 심정이었을 것이며, 1606년 적장자 영창대군의 출생으로 심한 정신적 압박을 받았다.

이러한 상황은 광해군에게 반명 감정을 키우게 했고, 왕권을 강화하기 위해 점술과 풍수를 동원하여 대규모의 궁궐건축에 매달리게 하였다.

---

[97]   한명기, 『광해군』, 72쪽

선조 때에 시작한 창덕궁 중건을 비롯하여, 규모는 작으나 칸수가 경복궁의 10배나 되는 인경궁, 경덕궁을 잇달아 건축하였다. 재정을 충당하기 위해 4결당 1필을 거두던 결포를 1결당 1필씩 거두는 100% 인상을 추진하였으며, 심지어 군량미까지 손을 대는 지경에 이르고 말았다.

후금이 한창 기세를 올리던 광해군 11년, 곡식 사정을 묻는 광해군에게 비변사는 "소모장이 둔전에서 거둔 곡식은 군량에 관계된 것이니, 마땅히 해마다 수량을 조회하여 쌓아두고 불시의 수용에 대비해야 합니다… 지금 영건(營建)의 재용이 떨어지려 하니, 부지런히 주선하여 보충할 방법에 대해 의당 할 수 있는 방법은 다 동원해야 할 것입니다. 그렇다면 각 진의 1년 종자와 식량으로 사용할 것은 제외하고 그 나머지를 적당히 헤아려 거두어 모아 즉시 올려보내게 해야 할 듯합니다."라고 보고했다. 또한 강화도 훈련도감의 군량미 9,000석 중에서 5,000석을 궁궐 공사에 사용하였다.[98]

---

98   오항녕, 『광해군 그 위험한 거울』, 2012, 302쪽

| 아, 홍이포!

1637년 1월 24일 남한산성에는 청군이 망월봉에 설치한 홍이포(紅夷砲)로부터 굉음과 함께 포탄이 날아들었다. 포탄은 행궁의 천장을 뚫었으며 성곽 곳곳을 무너뜨렸고, 산성의 백성들과 군사들은 두려움에 떨었다.

홍이포는 네덜란드에서 중국으로 수입된 화포로, 포신이 길어 당대 최고의 사정거리를 자랑하는 막강한 무기였으며 1621년에는 명나라에서도 자체 제작하게 되었다.

참으로 안타까운 것은 17세기 최강의 화포제작자가 임진왜란을 통해 많은 기술을 축적한 조선이 아니라, 오랑캐라 멸시하던 청나라였다는 것이다. 청은 누르하치가 1626년 1월 영원성을 지키던 명나라의 원숭환 부대가 쏜 홍이포에 다치고 그해 8월 사망하면서, 절치부심하여 투항한 명나라 관리들과 장인들을 포섭하여 1631년에는 자체 제작에 성공하게 되었다. 조선은 광해군의 재정 낭비, 이괄의 난, 소극적 외교정책 등의 영향으로 백년 뒤인 영조대에 겨우 제작에 성공하게 된다.

광해군 6년의 기록을 보면, 궁궐 공사를 위해 3개월 동안 정철 10만 근을 사용하였다고 하는데, 이는 무기를 담당하던 군기시에서 1년 동안 거두는 공철이 1만 근이었으니 3개월 만에 국방자원 10배를 낭비한 셈이 된다.[99]

물론, 전쟁에서는 이길 수도 있고 질 수도 있다. 하지만 조선의 민중과 지식인들은 예로부터 '의로운 민족'이라는 명예를 가지고 있었으며, 실패한 영웅들의 이야기를 아시아의 민중들은 『삼국지』, 『임경업전』을 통해 자신들의 염원을 투영한 승리의 역사로 기억하고 싶어했다.

세 번째로 설명해야 할 개념은 '의로움(Righteous)'이다. 유교적 사고방식에서 의로움은 도덕적 적합성, 충성심, 원리에 대한 충실함을 의미한다. 의로움의 개념을 한반도(혹은 한반도의 정치)에 적용할 때 이는 대부분의 한반도인이 특별히 더 의롭다거나, 의로움에 더 사로잡혀 있다는 의미가 아니다. 나는 한국의 역사에서 의로움이 궁극적으로 좋은 가치로 선언되거나, 국내외를 막론하고 억압적인 정권에 대항하는 기치로 소환되었다는 사실에 주목했다. 1590년대 일본의 점령에 대항한 조선인 군대와, 한 세대 이후 만주족의 조선 침공에 대항했던 조선인 군대는 모두 '의병'으로 불렸고, 이는 20세기 초의 식민지화에 대항하는 경우에도 마찬가지였다.[100]

한국인들에게 '피할 수 없다면 즐겨라!'는 말은 익숙하다. 여기에

---

99   오항녕, 위의 책, 293쪽

100   예일대 사학과 교수인 오드 아르네는 한반도가 수천 년 동안 독자적 국가를 유지한 원인으로 정체성의 유지와 의로움의 숭상을 들었다. 오드 아르네 베스타, 『제국과 의로운 민족』, 2022, 42쪽

필자는 병자호란에 대하여 '피할 수 없다면 최대한 이용하라!'는 말을 사용하고 싶다.101)

　처음부터 후금이 명나라를 압도한 것이 아니었고, 청에는 요동경략 원숭환과 오삼계 같은 영웅호걸들이 조선에는 천자총통, 신기전 등의 뛰어난 화포기술과 이괄, 임경업 등의 맹장들과 임진왜란을 경험한 백전노장들이 있었는데도, 적극적인 군사작전과 외교를 외면하여 결국 반정으로 쫓겨나고 인조는 또다시 정권의 정통성에 매달리게 되어 수십 년을 낭비하여, 새로운 화포의 제작도 청의 철기군을 방어할 강력한 방어선과 군사, 장성(長城)도 없이 호란(湖亂)을 맞아 굴욕적으로 항복하게 되었던 것이다.102)

101　병자호란과 비교하여 도덕적, 정치적 평가를 논외로 한다면, 박정희의 매우 적극적인 월남파병은 미국의 주한미군 철수라는 위태로운 안보적 위기와 혈맹으로서 거절할 수 없었던 60~70년대의 시대 상황에 적절히 대처한 경우라 하겠다. 한일 외교정상화로 받은 대일 청구권 자금이 모두 8억 달러였는데, 베트남 전쟁에서 한국 정부는 '브라운 각서'를 통해 한국군 장비 현대화를 약속받았고, 65년부터 72년까지 군인과 기술자들이 총 10억 200만 달러를 벌어들였다.
102　조선 후기 진취적 역동성이 부족해진 원인을, 병자호란의 치욕적 결과에 의한 성리학 근본주의와 노론의 수백 년 득세 때문으로 이해할 수 있다.

제7장 • 두 개의 실패한 전쟁, 1949

공산당 문건인 『인민(人民)』(1950.08)에는 남파된 공산유격대의 1949년 4월부터 11월까지의 전과(戰果)에 대하여, 남로당 부위원장이었던 이기석이 이렇게 보고하고 있다.

'연동원 인원: 37만 6,401명
교전회수: 6,768회
사살: 1만 103명
각종 무기 약탈: 31만 1,708발'[103]

물론 이러한 전과는 터무니없는 과장이지만, 1949년의 공산유격대가 얼마나 격렬하게 남한사회를 파괴하려고 했는지 여실히 보여주고 있다. 특히 박헌영이 주도한 강동정치학원에서 남파된 인원들로 그의 20만 봉기설의 기원이었지만, 1949년 동계 토벌작전으로 대부분 파괴되어 6·25전쟁에서는 힘을 발휘하지 못했다.

---

[103] 김남식, 『남로당 연구』, 1984, 425쪽

대한민국 국방부에 의하면, 공산유격대는 1948년 말부터 모두 10차례에 걸쳐 2,300여명을 남파시켰고, 이들은 제주 4.3사건과 여순반란사건 이후 산으로 도주한 좌익 유격대 2,000여명과 합세해 각지에서 치열한 파괴활동을 벌였다. 1950년 6·25전까지 남한 내에서 활동하던 무장 좌익세력은 약 6,620명에 달했다.[104]

강경한 반공주의자였던 이승만은 군병력은 여유가 있었지만 무기체계에서는 열악한 처지에 놓여 있었으므로, 이를 극복하기 위하여 미국에 최신 중화기를 1949년에 지속적으로 요청하는 국방원조 전쟁을 벌였고, 북의 박헌영은 남쪽의 지지기반을 벗어나 김일성의 식객처럼 머물고있는 처지여서 자신의 정치적 위상을 높이기위해 남로당 출신들을 대거 공산유격대로 남파하는 게릴라 전쟁을 전개하였다.

| 이승만의 북진통일론

이승만은 북한의 군사력과 남침야욕을 높게 평가하고, 방어적인 무기라도 지원 받기를 계속 요청하였지만, 미국 정치권은 그의 '북진통일론'과 반미주의자로 간주되는 그의 평판에 영향을 받아 번번히 거부되었다. "우리는 자주 방위가 가능할 정도의 무기를 신청하였소. '적절한' 채널을 통해 무더기로 요청했지만 얻은 것은 거의 없소. 38선 너머의 저쪽에서는 사거리가 긴 소총으로 우리에게 사격할 수 있지만, 그런 소총을 갖고 있지 못한 우리 경찰은 여기에 속수무책이오. 우리 군대는 사태를 악화시키지 않도록 38선 주의

---

104 이택선, 『취약국가 대한민국의 탄생』, 163쪽

로버트 올리버
펜실베이니아대 수사학 교수

에 주둔하는 것이 허용되지 않고 있소." [105]

　38선에서의 수백차례가 넘는 남북간의 교전과 이승만의 일견 무모해 보이는 북진통일 주장, 미국의 강력한 북침 반대 속에 1950년 전쟁 직전 남한 군대가 보유한 장비는 매우 열악한 상태였다.

　1950년 3월 8일 이승만이 35살이나 어린 그의 정치고문 올리버 박사에게 보낸 편지에는, 국가예산의 대부분을 미국 원조에 의존하고 있던 한국이 국방 원조를 위한 투쟁에서 완전히 패배하였음을 분명히 보여준다.

　서울 북쪽의 적이 어느 순간에라도 우리가 그들에게 대항하기 위해 동원할 수 있는 것보다 더 많은 무기와, 더 많은 모든 것들을 가지고 휩쓸고 내려올 수 있음을 우리가 알고 있다는 것을 올리버 박사가 생각해 본다면, 우리의 입장을 좀 더 잘 이해할 수 있을 것이오. 우리는 현재 대공포도 없고 하늘에 띄울 수 있는 비행기도 없고, 탄약조차 없소. 현재의 군사원조 프로그램은 탄약과 예비품과 장비가 계속 작동되는데 필요한 그 밖의 사소한 품목들만 제공할 뿐이오. 내가 '사소한' 품

105　로버트 T. 올리버, 『이승만의 대미투쟁』,상권, 한준석 옮김, 359쪽

목이라고 한 이유는 이들은 작은 부품들에 불과하고 전부 모아봐야 아무것도 만들 수 없기 때문이오. 이러한 품목들의 비용은 믿을 수 없을 정도로 비싸지만, 이들은 우리의 대공방어와 해안방어에 아무것도 보태주는 것이 없소. 지금까지 모스크바에서 북한에게 남한을 침공하라는 "청색"신호를 보내지 은 것은 공산주의와 타협하지 않겠다고 하는 한국인들의 결의와 공산당을 막겠다는 나의 확고한 입장 때문이오. 저들은 시종일관 우리보다 사거리가 긴 포와 소총을 갖추고 있소. 소련은 한국이 공격을 받는다면 미국인들이 철수하리라는 사실을 알면서도 아직 공격할 준비는 되어 있지 않소.(중략)[106]

그렇다면 '외교의 천재'라고 불리던 이승만은 미국이 남한의 모험주의적 전쟁을 매우 우려한다는 것을 알면서도, 왜 계속 '북진통일론'을 고수한 것일까?

여기에 대한 우파의 해석은 첫째, 가장 강력한 지지세력인 월남 반공주의자들에 대한 정치적 메시지. 둘째, 북한의 남침야욕 '국토완정론'에 대한 강경한 대처. 셋째, 무소속 의원들의 평화협상에 대한 정치적 대응. 넷째, 군사장비를 획득하기 위한 대미협상용 등이 있다.[107]

모두 정치적으로 가능한 해석들이지만, 미국이 대만의 장개석, 남한의 이승만, 만주공격에 대해서 계속 경계를 하고 있었고, 주한미 군사고문단장 로버츠장군의 북한 공격시의 모든 지원중단이라는 성명과 애치스라인을 통해 1차 방위선에서 대만과 한국을 제외함으로써 분명한 경고를 주었음으로 정책변화가 시급하였다.

---

106 로버트 T. 올리버, 위의 책 하권, 428~429쪽
107 김일영, 『건국과 부국』, 98쪽 참조

(한편, 애치슨은 국민당과 장개석에 대하여 '중국 역사상 가장 강력한 군사력을 가졌으나 국민의 지지 철회로 군대가 녹아내렸고, 섬의 난민이 되었다'고 비난하고, 한국에 대해서는 미군정을 끝내고 세계가 인정하는 주권국가를 세웠기 때문에 '책임은 더 직접적이고 기회는 더 분명하다'라며 방어의지를 표현했다.)

'평화유지'를 위한 방어적 무기를 요청하며 북한의 남침야욕을 고발하는 성명을 적절한 시점에 내외에 선언했다면, 원활한 국방원조를 받아내고 탱크를 육탄으로 막아냈다는 위험천만한 무용담도 탄생하지 않았을 것이다.

지기 싫어하는 이승만의 고집스러운 반공투사적 성격과 애국심에 불타는 노련한 군인들과 2만정의 소총만 있으면 북한을 평정할 수 있다는 일본군 출신 1사단장 김석원[108] 등의 북한에 대한 자신감 등이 결국, 미국에게 한국은 상당한 수준의 군사력을 가지고 있다는 오해를 불러왔던 것이다.

| 박헌영의 게릴라 전쟁

일제의 가혹한 탄압에 굴복하지 않은 '비타협적 민족주의자' 안재홍 등과 함께 박헌영도 수년간의 복역과 회유에도 전향하지 않은 극소수의 '항일 공산운동가' 중 한명이었다.

이러한 명성에 힘입어 해방 당시 한반도 최고의 좌파 정치인으로 세상에 알려진 인물이 바로 박헌영이었지만, 20세기 공산주의자들의 치명적 한계인 국제공산당주의와 소련에 대한 맹종은 그를 민족을 배신한 전범이요 자기 자신의 비참한 몰락으로 몰아갔다.

---

108   브루스 커밍스, 『브루스 커밍스의 한국전쟁』, 2018, 204쪽

해방 초기 신탁통치에 반대하다가 소련의 지령에 따라 하루 아침에 찬탁에 나섬으로써, 남한 민중의 강력한 반발을 받아 좌파의 남한 헤게모니를 상실하게 된 것이 그 시작이었다. 연달아 정판사 사건, 소위 신전술에 의한 10월 폭동 등을 일으켜 북한으로 탈출하는 신세가 되었다.

이러한 일련의 대규모 파업, 잔인한 폭동, 여순 반란사건에는 북한의 소련 군정이 깊숙이 관여하고 있었다.

[스티코프 일기 1948년 9월 6일]

최고인민회의 회의가 지속되다.

헌법에 의해 김두봉이 보고하다. 김두봉의 보고에 대한 토론과 발언이 전개되다.

김(일성)과 박(헌영)에게 다음 사항에 대해 설명하다.

1. 남조선 군대의 장악에 대해, 방법과 실천 방안

2. 경찰의 장악에 대해

3. 탄약공장에 대해

4. 인민들에게 소련 정부의 결정을 해설하는 문제에 대해

5. 조선인민군 부대의 추가적인 편성에 대해

6. 군대에서 지휘관과 정치활동가의 선발에 대해

7. 남북조선에서 공장들과 농촌에서 무장혁명부대를 창설하는 문제에 대해

8. 경찰의 무장훈련을 강화하다.[109]

---

109 전현수, 「쉬띄꼬프일기 1946~1948」, 172~173쪽

그리고, 반민특위가 진행되던 시기에 국회프락치사건이 터져, 이승만 정권의 조작이라는 의혹이 많았지만, 당시의 북한대사였던 스티코프가 스탈린에게 보낸 보고서에는 남로당의 프락치공작이 분명히 언급되고 있는 것이다.

'노동당은 남조선의 국회의원들 중 일부를 자신들의 편으로 끌어들이는 사업을 조직했습니다. 노동당의 지령에 따라 이들 국회위원들은 국회 안에서 남조선에서 시행되는 미국 정책 및 남조선 정부 당국의 권위를 무너뜨리기 위해 여러 요구 사항을 제기하고 있습니다.

남조선에서의 미군철수를 내용으로 하는 62명의 의원들이 작성한 청원서, 정부 불신임 결의 제의, 모든 장관들의 사임 요구 등이 바로 위와 같은 목적에 따라 실행된 예라 할 것입니다. 이러한 요구는 국회 다수의 지지를 얻었습니다. 또한 법률안 심의 시 이들은 법률안의 반민족적 성격을 폭로하고 그 내용을 수정하도록 노력하고 있습니다.(1949년 9월 15일)'[110]

'박헌영 학교'라고 불리우던 황해도 해주의 강동정치학원도 이그차치프 대좌의 제안과 스탈린의 재가에 의해 48년 1월1일 소련교포 박병률을 원장으로 하여 개원하였는데, 사실상의 실권자는 박헌영의 사람인 부원장 박치우였다.

맨몸으로 월북한 남로당원들에게 이곳은 여관의 역할까지 담당하였고, 박헌영은 이승엽과 비서인 조두원 등과 매주 한번 이곳을 방문하였다.

문제는 이 학원에서 1950년 6·25전까지 4,000여명의 무장유격

---

110 손세일, 『이승만과 김구』, 2015, 674쪽

대를 남파했다는데 있다. 북한정권이 정치적으로 남로당원들을 부담스러워했고, 박헌영의 정치적 야망의 희생자로 그 시대 최고 수준의 지식인이었던 이들이 무모한 무장투쟁에 내몰림으로써 남한의 강력한 토벌작전에 대부분 사살되고 마는 비극을 당했다.[111]

1949년 8월에 안동지구에 침투한 3백명의 김달삼 부대와 9월에 태백산으로 진출한 360명의 이호제 부대는 동계 토벌작전과 귀순 등으로 1950년 3월에는 겨우 60명만 살아남았다.

8월말: 김달삼 , 나훈, 성동구 등 3백여명이 의성경찰서 및 무기고, 의성우편국, 금융조합 등에 방화하고 경관 6명 살해, 트럭 2대 약탈'
10월 중순: 안동읍 옥동국민학교 주둔 국군 3사단 22연대 습격
11월 초순: 9월 태백산에 침투한 제1병단(이호제부대)과 제3병단(김달삼부대)이 합류하여 3개대대로 편성하고 11월 8일에는 일월산에서 경찰과 교전, 경관 수십명 살해
11월 25일: 안동의 화악산에서 국군 25연대와 접전, 장병 7명 살해, M1 7정과 군모 등을 약탈. 또한 이 무렵 일월산에서 경찰과 교전 11명 살해
1950년 1월 21일: 1병단 1대대(대대장 남도부)는 영덕군 영해지서를, 제2대대(대대장 나상일)은 창수지서를 각각 동시에 습격하여 경관 28명 살해. 면사무소, 금융조합 기타 민가 3백여 호를 불태우고 양곡창고를 방화하여 곡물 약 7,000가마를 불태웠다. 금융조합의 금고에서 현금 한 배낭을 강탈, 그밖에 99식 소총, 수정과 식량 70가마, 옷가지 등을 약탈했다.[112]

---

111 안재성, 『박헌영 평전』, 2020, 455~457쪽
112 김남식, 『남로당연구』, 421~422쪽

1949년 6월 부터는 사상전향을 위한 '국민보도연맹'이 조직되어, 전국적으로 약 30만명이 보도연맹에 가입하면서 남로당은 남한 내의 세력을 사실상 대부분 잃게 된다. 이러한 여파로 6·25남침에서 공산당의 대규모 봉기가 일어나지 않았고, 대한민국은 중국처럼 공산당원이 국민군에 침투하여 후방교란, 반란, 투항 등이 발생하지 않음으로써 단결된 투쟁으로 나라를 지켜낼 수 있었다.

박헌영은 1953년 3월 11일 공화국 전복 음모와 반국가적 간첩 행위 등의 혐의로 이강국, 이승엽 등과 함께 체포되어, 1956년 7월 19일 57세의 나이에 미 제국주의 고용간첩 혐의로 평양 근교의 야산에서 권총으로 살해당했다.

한편, 월북한 남로당원들은 지리산의 이현상 부대를 불러들여 평양을 공격하려 한다는 혐의로 수천명이 체포되어 있었으며, 이현상은 박헌영이 몰락한 사실을 알고 있어 월북을 포기하고 수백명의 잔존 유격대원들과 지리산에 머물다가 산중에서 그의 아이를 가진 하수복을 만나려고 진주를 향하던 중 1953년 9월 18일 사살되었다. [113]

113 안재성, 위의 책, 651~652쪽

제8장 • 최고사상가들의 정통론

식민지 조선의 국내와 국외에는 뛰어난 인품과 문장으로 존경받던 두 명의 큰 사상가가 있었다. 삼균주의를 제창한 조소앙과 신민족주의를 주장한 안재홍이 바로 그들이다.

대한민국 임시정부의 중요 문서를 대부분 작성한 조소앙의 주요 활동은 삼균주의, 『발해경』, 대한민국임시헌장 기초, 대한민국건국강령 기초 등이 있고, 조선일보 최고의 문장가였던 안재홍은 신민족주의, '다사리'이념, 『조선상고사감』 등이 있다.

이들은 모두 1950년 5월 30일의 2대 국회의원 선거에서 당선되었으나, 곧이어 6·25전쟁이 터져 두 명 모두 납북되었고 결국 평양에서 큰 뜻을 펼쳐보지도 못한채 안타깝게 사망하고 말았다.

| 순정우익의 길

1887년생으로 안재홍 보다 4살이 많은 조소앙은 동경 메이지대학에서 와세다대학을 다니던 안재홍을 처음 만나, 손문의 중국 신해혁명을 견학하려고 함께 중국에 가려고 했으나 실패했다. 3·1 운동 이후에는 법학부를 졸업한 조소앙은 상해의 임시정부로, 정경학부를 졸업한 안재홍은 중국을 거쳐 한국으로 돌아왔다.

1919년 조소앙은 자신의 동생 조용주을 보내, 안재홍에게 대한민국청년외교단에 참여할 것을 요청했고 그는 이병철과 함께 공동 총무로 활동하다가, 1919년 11월 대구에서 체포되었는데 모두 9차례 7년 3개월 옥고의 시작이었다.[114]

안재홍은 끝까지 일제와 타협하지 않은 비타협적 민족주의자의 대표적인 인물이었으며, 좌우합작과 행정업무을 위한 미군정 민정장관으로 활동하면서도 고매한 인품으로 높은 평가를 받았다.

조소앙과 안재홍은 모두 공산주의 운동이 이념과 세계공산주의를 민족보다 앞세우는 것에 반대하여, 민족정신과 민족문화를 진흥시키는데 각고의 노력을 기울였다. 두 명 모두 단군신앙을 기초로 한 대종교[115]에 참여하여 민족의 절대절명의 위기를 민족종교로 이겨내려고 하였다.

조소앙은 『발해경』을 통해 독립과 건국정신을 되살리려 했고, 안재홍은 『조선상고사감』을 집필하여 조선 민족의 문화적 특수성과 강인한 민족성을 상기시키려 하였다. 안재홍은 1945년 국민당을 창당하여 창당선언문을 통해 '다사리이념'[116]과 공산주의 계급 독재에 분명한 반대의 입장을 밝혔다.

---

114 정윤재, 『안재홍 평전』, 2018, 46~47쪽
115 대종교는 환인, 환웅, 단군의 삼신 '하느님(한얼님)'을 모시는 종교이다.
116 '모든 사람이 모두 제 말을 하고 모든 사람이 모두 함께 어울려 사는 것'을 순수한 우리말 '다사리'로 표현한 것이다.

정치는 '다사리'이다. '다사리'는 그 방법에서 전 인민 각 계층의 총의를 골고루 표백(表白)케 함이요, 그 목적에서 전 인민 각 계층의 '나'와 '나'와를 '다 살게'하여 유루(遺漏)와 차등 없이 함이나니, '나라'요 '겨레'요 '다사리'요 즉, 하나의 통일 민족국가가 정치·경제·문화·사회 등 대중 생활의 전부면(全部面)에 뻗치어 고요한, 그러나 신생한 민주주의에 말미암아 자아국가를 그의 신민족주의의 대도에서 정진 매진케 하는 지도 이념이다. 오인은 초 계급적인 전 민족적 피압박의 형태에서 항전하여 왔고 다시 전 민족적 해방의 단계에 들어 있어, 초 계급적 통합국가 건설의 역사적 약속 아래에 있으므로, 모든 진보적이요 반항침략 제국주의적인 지주와 자본가와 및 농민 노동자 등 근로층의 인민과를 통합한 신민주주의의 국가를 창업하여 만민개로(萬民皆勞)와 대중공생(大衆共生)을 이념으로 하는 계급독재를 지양시킨, 신민주주의의 실행을 목표로 한 정치적, 문화적 신기원의 역사를 개창하여야 한다.[117]

이러한 '다사리이념'은 식민지시대에 좌우를 막론하고 그 사상이 채택된 조소앙의 '삼균주의'와 맥을 같이하고 있다. 사실 해방 이후 실시된 여론조사에서 한국인이 선호하는 경제제도로 자본주의와 공산주의는 각각 약 10%, 사회주의는 약 70%가 나온 것을 보아도 당시의 한국인들 대부분은 비폭력적이고 의회주의를 중시하는 유럽의 사회민주주의 또는 영국 노동당의 민주사회주의를 원했음을 알 수 있다.

조소앙이 기초한 임시정부의 정당조직인 '한국독립당'의 당의에는 그의 삼균주의가 명확하게 표현되어 있다.

---

117 정윤재, 위의 책, 115쪽

우리는 5,000년 자주독립하여 오던 국가를 이민족 일본에게 빼앗기고 지금 정치의 유린과 경제의 파멸과 문화의 말살 아래서 사멸에 직면하여 민족적으로 자존을 얻기 불가능하고 세계적으로 공영을 도모하기 미흡한지라, 이에 본당은 혁명적 수단으로써 원수 일본의 모든 침탈 세력을 박멸하여 국토와 주권을 완전 광복하고 정치, 경제, 교육의 균등을 기초로 한 신민주국[118]을 건설하여서 안으로는 국민 각개의 균등생활을 확보하며 밖으로는 민족과 민족, 국가와 국가의 평등을 실현하고 나아가 세계일가의 진로로 향함.[119]

한편, 안재홍은 1948년 5월 10일 선거를 앞두고 미군정 민정장관으로 있으면서, 식민지 기간 동안 민족독립을 위해 싸웠던 진정한 민족주의자들이 국회에 들어가야만 외세 의존적인 극좌 및 극우세력을 억제하여 순정우익의 주체적이고 민주적인 국가를 만드는 데 기여할 수 있다며 선거참여를 독려하였으며, 1947년 10월 '한성일보'에 『순정우익(純正右翼)의 결집』이란 논설을 발표했다.

'첫째, 진정(眞正)민주주의 노선은 외세에 의존함이 없는 자주독립국가, 즉 민족해방의 완성을 지향하는 바, 계급 대립은 균등경제와 평권정치(平權政治)로 지양하며, 미국의 경제원조는 받되, 그로 인한 주권 침해는 배제한다.

둘째, 이 같은 정치 노선을 '중간당' 혹은 '중간파'라고 말하는 것은 경멸적인 매도에 불과하며, 오히려 진정민주주의 노선은 좌에서 무산자 계급독재를 전제로 개인의 자유와 재산의 사유 세습을 무시하는 공산주의의 강요를 반대하고, 극우에서 봉건적.대지주적.자본

---

118 소련과 같은 전체주의국가가 아닌 정치적 자유, 언론의 자유가 보장되는 나라를 말한다.
119 김기승, 『대한민국임시정부의 이론가 조소앙」, 2015, 100쪽

벌적 특권계급 지배를 배격한다. 왜냐하면 한반도에서의 공산혁명이나 극우 정치의 출현은 필연적으로 외세의 간섭과 침략의 기회를 제공할 수 있기 때문이다.

셋째, 극우는 조만간 재수정을 필요로 하는 우이므로 진정민주주의만이 '순정한 우익'이고, 또 이러한 "진정민주주의 노선에서만 진정한 민족주의가 성립"되는 것이니, 이것이 곧, '순정우익'이다.[120]

또한, 조소앙은 1950년 2대 국회의원 선거를 앞두고, 자유로운 국민의 의사로 선출되고 국제적 승인을 받았으며, 대한민국건국강령의 삼균주의가 상당 부분 수용된[121] 제헌헌법을 긍적으로 평가하여 대한민국을 민족진영의 아성으로 인정하였다. 다음은 조소앙이 창당한 사회당의 '5.30총선거와 나의 정치관'이다.(잡지『삼천리』에 발표)

본 당은 민족진영의 재편성과 현실을 통하여 대한민국의 자주 및 통일을 완성할 것과 균지(均智), 균권(均權), 균부(均富)의 균등사회건설을 목표로 한 노·농·학·상 각계 각층의 총단결체인 것이다.

이 사회당의 정강.정책의 실천을 위한 현실은 무엇이냐. 독립운동사상의 대한민국은 그 건국강령에 표시된 바와 같이 복국(復國)과 건국을 6단계로 나누어, 중경시대의 대한민국으로서 해외임무의 결속과 국내 건국의 단계적 교량 역할과 통일정부의 방식문제까지를 14개조의 당면정책으로 채정하고 복국하여 건국에 노력할 때가지의 독립운동의 최고기관이었다. 현재의 대한민국은 3·1운동의 정신을 계승한 망

---

120 정윤재, 위의 책, 194~202쪽

121 '민주공화국'이란 명칭은 자유주의 법학을 전공한 조소앙의 영향으로 알려져 있으며, 노동자의 이익균점권을 인정(제18조 2항), 경제적 자유를 '사회정의의 실현과 균형 있는 국민경제의 발전'이라는 한계 내에서 인정(제84조), 주요 자원이나 산업에 대한 국유 내지 국.공영의 원칙을 천명(제85, 87조)하여 삼균주의와 사회민주주의적인 내용이 포함되어 있었다.

명 대한민국 정부의 영웅적 투쟁의 결과이며, 5,000년 독립민족의 최고 조직체인 것이다. 정부와 인물과 정책이 변화할지라도 국가의 본질적 생명은 계속되는 것이며 입각된 인물론과 집행되는 정책론을 초월하여 태극기를 고집하고 대한민국을 최고도로 발견케 할 의무가 있는 것이다.

특히 구주에서 맹렬히 전개되는 냉전의 전화는 동아에 집중되며 적색 세력은 중국을 석권하며 나아가서는 동남아시아에 뻗쳤으며 각처에 38선을 형성하고 있는 형태이니 세계냉전의 최첨단에 서 있는 우리 한국의 위치는 매우 중요하며 또 민족진영의 아성인 대한민국정부의 사명과 역할은 실로 중대한 바가 있다. 민족진영의 존망, 아니 한국민족의 민족적 운명은 대한민국 육성.강화 여하에 있는 것이다.

이 30유 여년의 법통을 계승하고 혁명선열의 피와 죽음으로 이루어진 대한민국을 우리는 육성·강화할 책임을 느끼는 바이며, 그 육성·강화의 일익을 담당하려고 금번 나는 새로운 충성된 결의를 국민 앞에 하는 바이다.[122]

122 김삼웅, 「조소앙 평전」, 2017, 323쪽

| 제헌국회와 초대내각에는 친일파가 없다

북한정권과 마찬가지로 남한도 친일파에 대한 국민들의 반감을 의식하여, 제헌의회에서는 국회의원 선거법으로 고위직 친일파에 대한 피선거권을 박탈하여 의회진출을 막았다. (미군정 법령 제175호, 1948년 3월17일 공포)

제2조 左의 1에 해당하는 자는 선거권이 없음.
1~3(생략)
4 일본 정부로부터 작(爵)을 받은 자.
5 일본제국의회의 의원이 되었던 자.

제3조 左의 1에 해당하는 자는 피선거권이 없음.
1 본법 제2조에 의하여 선거권이 없는 자(이하 생략).
2 (생략)
3 일제시대에 판임관 이상의 경찰관 및 헌병, 헌병보 또는 고등경찰의 직에 있었던 자 급(及) 기(其) 밀정행위를 한 자.
4 일제시대에 중추원의 부의장·고문 또는 참의가 되었던 자.
5 일제시대에 부 또는 도의 자문 혹은 결의기관의 의원이 되었던 자.
6 일제시대의 고등관으로서 3등급 이상의 지위에 있든 자, 또는 훈 7등 이상을 받은 자. 단 기술관 급 교육자는 제외함.

초대내각도 반일의 선명성을 위하여 내각의 17명 중 6명이 임시정부 관련 인사였고, 다른 각료들도 모두 항일인사들이었다. 부통령 이시영(임정 내무총장), 국회의장 신익희(임정 내무총장), 대법원장 김병로(항일 변호사), 무임소장관 지청천(광복군 총사령관),

외무장관 장택상(청구구락부 사건), 법무장관 이인(항일 변호사, 한글학회 사건), 재무장관 김도연(2.8독립사건), 상공장관 임영신(독립운동가, 교육자), 문교장관 안호상(항일교육) 등이었다.

제헌의회 의원 총 209명(정원 200명, 보궐 및 재선거 9명) 중 항일운동 경력자는 68명으로 전체 3분의 1의 수치였고, 면장과 읍면 직원 등의 공무직(32명), 교육직(27명), 신문·출판(17명), 기업가(37명) 등으로 식민지 조선에서 실질적인 업무를 담당했던 테크노그라트(technocrat) 출신들이 많았다.[123]

한편, 북한에서는 기독교 민족주의자 조만식의 rka금에서 보여주듯, 공산화에 협조하면 친일경력이 있어도 정부조직에 참여시키는 '선택적 청산'을 하였다. 즉, 친일파 청산이라는 민중적 요구를 정치적 반대세력을 제거하는데 매우 효과적으로 사용한 것이다. 특히, 군사분야의 일제군인 출신 기술직들은 특별히 우대하였다.

북한정부의 친일경력자들을 살펴보면 임시인민위원회 사법부장 장헌근(중추원 참의), 인민위원회 상임위원장 강양욱(도의원), 보위성 부상 김정제(양주군수), 문화선전성 부상 조일명(친일단체 '대화숙'출신), 초대공군 사령관 이활(나고야 항공학교 출신, 일제 육군 항공대), 인민군 9사단장 허민국(나고야 항공학교 출신), 인민군 기술 부사단장 강치우(일제 육군 항공대), 노동신문 편집부장 박팔양(만선일보 편집부장) 등이 있다.[124]

---

123 나미키 마사히토, '식민지 시기 조선인의 정치 참여- 해방후사와 관련해서', 『해방전후사의 재인식』1권, 687쪽
124 김용삼외 6명, 『이승만 깨기』, 2015, 139쪽

제9장 • 경제불침항모의 탄생

1960년대 말과 1970년대 초의 대한민국은 국가안보의 큰 위기에 놓여 있었다. 북한의 김일성은 베트남 전쟁을 후방에서 지원하기 위해 남한에 대한 대규모 공세를 감행하였으며, 미국은 주한미군 철수를 공개적으로 발표하여 위기감을 고조시킨 것이다.

1968년 군사분계선 돌파를 기도한 무장게릴라는 1,087명이었고, 후방에 침투한 게릴라는 175명이었다. 비무장지대에서의 교전 횟수는 1967년 122회에서 1968년 236회로 급증하였고, 1968년 북한군 사망자 수는 321명이었으며 한국군과 미군 사망자 수는 162명이나 되었다.

1968년 1월 21일에는 북한 제124특수게릴라군단의 김신조일당 31명이 청와대를 습격하였으며, 이틀 뒤인 1월 23에는 미국 정보함 푸에블로호를 납치하여 승무원 80여명을 억류하였고, 1969년 4월에는 미 공군 EC121 정찰기를 격추하여 북한은 한반도에 '월남전의 제2전선'을 완벽하게 형성했다.

1970년 6월 22일에는 6·25기념식에 참석하는 박정희 대통령을 노리고 북한 무장특공대 3명이 서울 국립묘지 현충문을 실수로 폭발시키는 사건도 일어났으며, 8월에는 한국을 방문한 미국의 에그뉴 부통령이 5년 안에 주한미군을 완전 철수한다는 폭탄발언을 하였고, 실제로 1971년 3월 27일 미 7사단이 한국에서 철수했다.

국방안보의 심각한 위기에 직면한 박대통령은 당시에 북한은 탱크, 잠수함까지 자체적으로 생산하는 능력을 자랑하는 반면, 한국은 소총도 생산하지 못하는 초라한 실정을 벗어나기 위해 고뇌에 빠질 수 밖에 없었다. 이에 박대통령은 250만 예비군의 기초 화기부터 자체적으로 생산하기 위해, 1971년 11월 상공부 광공전(鑛工電) 차관보인 오원철을 불러 병기개발을 지시한다.

정밀가공과 소재, 설계도에 대한 대책의 문답 끝에 박정희는 "당장 병기개발을 할 수 있다는 거지?"라고 물었고, 오원철은 "그렇습니다. 소총 및 기관총 등 개인화기와 박격포까지는 6개월 정도면 대충 개발을 끝낼 수가 있습니다… 각하! 김일성도 이런 식으로 병기개발을 시작해서 현재는 각종 화포는 물론 탱크나 잠수함까지 생산해 내고 있지 않습니까"라고 대답했다.

김일성 이야기가 나오자 박정희는 순간 눈에서 빛을 번쩍이며 오원철을 노려보듯 쏘아보았다. 그리고 박정희와 오원철의 질문과 대답은 두시간이나 더 진행되었다.[125]

오원철은 1970년대 중화학공업의 청사진을 제시하여, 1973년

---

125 오원철, 『박정희는 어떻게 경제강국 만들었나』, 2006, 103~118쪽

1월 박정희의 '중화학공업화 선언'을 이끈 대표적인 테크노그라트 (기술관료)였다. 그는 경성공업전문학교, 서울대 공과대학 화학공학과를 졸업하였고 시발자동차회사 공장장, 상공부를 거쳐 1971년 11월부터 경제 제2수석비서관으로 임명되어 대한민국의 중화학공업개발을 이끌었다.

5개월 뒤인 1972년 4월 3일 국산병기에 대한 시제품 시사회가 열렸고, 카빈총과 수류탄, 유탄발사기, 3.5인치 및 66mm 대천차 로켓포, 대인지뢰 등에 대한 화력시범이 성공적으로 실시되었다.

이것은 자주국방의 첫걸음이었다. 고성능 국방 화기개발에 대한 지난한 도전의 길이 아직 험난하게 남아 있었던 것이다.

┃두 마리 토끼를 잡다

1970년도까지 한국은 '산업의 쌀'이라 불리는 철도 스스로 생산하지 못하는, 그야말로 경공업 위주의 후진국이었다. 제철공장 계획은 경제성과 기술력이 없다는 이유로 번번히 국제투자단체에게 퇴짜를 맞고 있는 상황이었다.

이렇게 비관적인 조건에서도 대한민국 경제 기적의 씨앗은 싹트고 있었으니, 이승만 정권부터 시작된 유럽과 미국으로의 수백명이 넘는 유학생 파견으로 산업화시대를 위한 미래를 천천히 준비하고 있었던 것이다.

　1964년 12월 같은 분단국가로서의 선의에 기대어 차관을 얻기 위한 박대통령의 서독방문이 있었고, 12월 1일 유학생 만남의 자리에 뮌헨대학에서 철강금속학으로 박사학위를 받은 김재관은 박정희에게 '한국의 철강공업 육성방안'을 전달한다. 박정희는 감격하여, "정말 고맙습니다. 내 돌아가서 꼭 제대로 된 철강회사를 만들 겠습니다. 꼭 읽어 보겠습니다. 고맙습니다"라고 화답했다.

　이날의 결실은 1967년 KIST(한국과학기술연구소)가 설립되면서, 박정희는 18명의 해외유치과학자 중의 한명으로 김재관을 초빙했고, 김재관은 자신이 받던 연봉의 3분의 1밖에 안되는 보수에도 귀국, 합류하여 마침내 1968년 5월 '포항종합제철 최초 설계도'를 작성하였다.[126]

　최신기술에 대한 지식과 설계도가 있어도, 가장 큰 문제는 막대한 건설자금과 운용 능력이었다. 박정희에게 포항제철 건설의 중책을 맡은 박태준은 1969년 1월 31일 미국 피츠버그로 국제차관단(KISA)의 프레드 포이 대표를 찾아갔다. 그러나 혈맹이자 우방인 미국은 IBRD(국제부흥개발은행)보고서의 '경제성 없음'이라는 평가를 근거로 단호하게 거절했다. 비즈니스의 세계에서는 오로지 이익만이 최고의 가치였던 것이다.

126　홍하상, 『뮌헨에서 시작된 대한민국의 기적』, 2022, 72~77쪽

절망한 박태준은 귀국길의 하와이에서 번뜩이는 아이디어가 떠올랐는데, 바로 대일 청구권 중에 농수산 용도로 남았있던 1억 달러를 전용하자는 것이었다.

　문제는 일본이 자신들의 산업경쟁력을 위협할 수 있는 한국의 제철사업에 과연 협조할 것인가 였는데, 이런 난제를 해결하기에 박태준은 청소년기를 일본에서 보내 일본어에 능통했고 일본문화를 잘 알고 있어서 최적의 인물이었다.

　박태준을 만난 일본 정재계의 거물들은 조국근대화에 대한 박태준의 애국심과 중후하고 빼어난 인품에 매료되어 어려운 문제들을 앞장서서 해결해 주었다. 양명학의 대가이며 정재계 거물이었던 야스오카 마사아쓰, 일본철강연맹의 이나야마 회장 등이 그들이다.

　마지막 고비로 통산상 오히라 마사요시를 면담한 박태준은 한국의 경제상황으로는 농업자립화가 우선이 되어야한다면서 반대의 입장을 밝히자 적절한 대응을 하지 못하다가, 세번째 만남에서 급하게 일본 정부간행물보관소를 뒤진 정보를 쏟아냈다.

　'덕분에 공부를 많이 하게 되었습니다. 청일전쟁을 준비하는 과정에서 일본은 영국으로부터 군함을 차관으로 도입해왔습니다. 제철소가 없었기 때문입니다. 그래서 일본은 청일전쟁을 통해 제철소의 필요성을 절감했고, 명치 30년에 7만톤짜리 야하타제철소를 세웠습니다. 그 뒤에 러일전쟁을 준비하는 일본에게 제철소의 필요성은 다시 절실해졌고, 제철소 건설을 서두르게 되었습니다. 그러니까 일본은 단순히 산업적 목적의식에서만 제철소를 세웠던 것이 아니라, 안보적 차원을 더 깊이 고려했습니다. 그때 제철소 건설에 심혈을 기울이고 있던 일본의 1인당 GNP는 오늘의 화폐가치로 100달러 미만이었고, 한국의 현재 1인당 GNP는 200달러에 육박하고 있습니다."[127]

대응을 궁색하게 하는 역사적 사실과 북한의 안보위협까지 거론하자, 오히라의 작은 눈이 세번의 만남에서 드디어 실눈을 들어냈고 제철건설자금의 숨통이 열리는 순간이었다.

일본제철협상단과의 협상에서는 서독의 최신 기술을 견학한 김재관 박사의 활약이 눈부셨다. 한국을 견제하기 위해 그들은 세탁기, 밥솥 등을 만드는 소규모 공장을 제안했으나, 김재관은 제선, 압연, 제강을 연속 주조하는 지상 100미터에 이르는 고로방식의 최첨단 일관제철소를 강력하게 주장했고, 결국 선박, 자동차생산이 가능한 후판과 강판을 만들 수 있는 포항종합제철의 건설을 완성하게 되었다.[128]

한편, 70년대의 안보위기 속에서 박대통령은 방위산업을 고도화하려고 하였으나, 막대한 자금이 들어가면서도 국내수요가 부족하여 도저히 채산성을 맞출 수 없는 문제로 낙담에 빠져 있었다. 1971년 11월 박정희는 비서실장 김정렴에게 어려움을 토로했고, 김정렴은 이 문제를 상의하기 위해 상공부 오원철 광공전 차관보를 만났다.

---

127   이대환, 『박정희와 박태준』, 2015, 270~276쪽
128   홍하상, 위의 책, 120~125쪽

우리 둘은 진지한 토론 끝에 첫째 '여하한 병기도 분해하면 부품이다.' 각 화기에 소요되는 적격소재를 설계대로 정밀가공하여 결합시키면 부품공장이 아무리 많아도 최종적으로 결합된 병기의 성능은 완벽한 것이 이치다. 둘째 무기생산을 전문으로 하는 군공창(軍工廠)이나 민영군수공장은 병기수요가 불충분할 때 비경제적이기 때문에 바람직하지 않다. 셋째 우리가 필요로 하는 현대무기는 선진국 수준의 중화학공업과 기술 및 기능이 절대적인 전제가 된다. 넷째 우리 나라 방위산업은 중화학공업 건설의 일환으로 추진하되 부품별 또는 뭉치별로 유관공장에 분담시켜 무기수요의 변동에 따른 비경제성을 극소화시킨다. 다섯째 무기제조시설은 물론 기본이나 이에 못지 않게 기술자.기능공의 양성.확보도 긴요하다는 등에 의견일치를 보았다.

김정렴, 『아, 박정희』, 271쪽

두 명은 즉시 대통령 집무실을 방문하여, 박 대통령의 2대 국정과제였던 자립경제와 자주국방에 완전히 부합하는 중화학공업과 방위산업 병행개발이라는 절묘한 아이디어를 제시했고, 박 대통령의 승낙을 받아냈다. 박 대통령은 11월 10일 오원철을 경제 제 2수석비서관으로 임명하였으며, 정부는 철강·비철금속·조선·전자·화학·기계 등의 7대 중화학공업을 선정했다.

박정희는 1972년 '10월 유신'을 단행했고, 곧 이어 1973년 1월 12일 당시에는 꿈만 같던 1980년 초 수출 100억 달러라는 목표를 제시하며 일본의 경우를 참고하면서 최소 10년이 소요되는 이른바 '중화학공업 선언'을 하게 된다.

"우리나라 공업은 이제 바야흐로 '중화학공업 시대'에 들어갔습니다. 따라서 정부는 이제부터 '중화학공업 육성'의 시책에 중점을 두는 '중화학공업 정책'을 선언하는 바입니다. 또 하나는 오늘 이 자리에서 우리 국민들에게 내가 제창하고자 하는 것은 이제부터 우리 모두가 '전 국민의 과학화 운동'을 전개하자는 것입니다. 모든 사람들이 '과학기술'을 배우고, 익히고, 개발해야 되겠습니다. 그래야 우리 국력이 급속히 신장할 수 있습니다. 과학기술의 발달 없이는 우리는 절대 선진국가가 될 수 없습니다. 1980년대에 가서 우리가 100억 달러 수출, '중화학공업의 육성' 등등의 목표를 달성하기 위해서는 범국민적인 '과학기술의 개발'에 총력을 집중해야 되겠습니다. 국민학교 아동에서부터 대학생, 사회 성인까지 남녀노소할 것 없이 우리 모두 기술을 배워야 되겠습니다. 그래야만 국력이 빨리 신장하는 것입니다. 1980년대 초에 우리가 100억 달러의 수출 목표를 달성하려면, 전체 수출상품 중에서 중화학제품이 50%를 훨씬 넘게 차지해야 되는 것입니다. 그러기 위해서 정부는 지금부터 철강, 조선, 기계, 석유화학 등 중화학공업 육성에 박차를 가해서, 이 분야의 제품 수출을 강화하려고 추진하고 있습니다."[129]

(2019년 1월에서 9월의 수출 통계를 보면 IT제품(반도체, 디스플레이, 무선통신기기)의 비중이 22.3%, 중화학공업이 56%를 차지했다. 반도체의 경우에도 정밀기계의 도움 없이는 불가능하니 중화학공업 고도화의 산물이다.)

| 산업화영웅들의 시대

1980년대가 민주화 영웅들의 시대였다면, 1970년대는 산업화 영웅들의 시대였다. 조국 근대화라는 민족의 염원 아래 헌신적으로

---

129 오원철, 위의 책, 208쪽

노력한 사람들이 있었다.

군이 분류하자면 기술관료 즉, 테크노크라트인 오원철, 김재관 등과 경제전문가들인 이코노크라트 남덕우, 김정렴, 김재익 등이 있고, 미국 연수를 통해 최신 경영, 관리기법을 익힌 군 장교들인 박정희, 박태준 등으로 분류할 수 있다.

박태준은 대한중석을 맡아 미국 육군부관학교에서 배운 최신 관리기법, 관리회계제도 개선, 인사제도 개선 등을 군장교출신 황경노, 노중열, 안병화 등에게 맡겨 '구식 부기'와 주먹구구 관리를 퇴출시켰다.

박정희는 5대 회의 즉, 월간 경제동향보고. 수출진흥 확대회의. 청와대 국무회의. 국가기본운영계획 심사분석회의. 방위산업진흥 확대회의를 최소 10년 이상 주재하며 스스로 경제와 기술에 능통한 테크노그라트가 되어 경제 전략을 총지휘했다.

오원철의 경제 제2비서실에서는 김광모, 이석표, 권광원, 최태창, 김병원 등이 활약했고, 무기 개발에 있어서는 국방과학연구소(ADD)의 심문택 박사, 부소장 이경서, 구상회, 홍판기, 김철호, 김직현 등의 노고와 공이 컸다.

일본이 1957년부터 중화학공업을 육성하여 당시 43%의 비중을 10년 뒤에는 78%로 급상승시켜 경제대국이 된 것을 참조하여,[130] 한국도 후진국을 벗어나는 길은 중화학공업 육성 밖에 없는 상황에서, 1970년대 황무지를 개척했던 대한민국 산업화영웅들의 피땀어

---

130 오원철, 위의 책, 140쪽

린 노력과 헌신은 사뭇 눈가를 촉촉하게 한다.

1990년대 IMF사태와 2000년대 세계금융위기, 2020년 코로나 팬데믹까지 숱한 경제위기가 닥쳤지만, 한국은 제조업이 약한 후진국들과 달리 오뚝이처럼 다시 일어나 세계적인 선진공업 국가, 문화강국이 되었다. 1970년대 중화학공업의 과감한 투자가 있었기 때문에 가능한 일이었다.

지금도 비판이 되고있는 1970년대 말 과잉투자와 중복투자의 문제가 발생하자 박정권은 안정화 정책을 1979년에 실시하였는데, 박 대통령의 사망으로 그 숙제는 신군부에게 넘어가게 된다.

세상 모든 일이 좋은 것만 있을 수는 없어서, 경제고도화를 위한 자유와 인권의 억압이 어디까지 허용될 수 있는가의 문제는 훗날 역사적 심판을 받아야 할 것이다.

제10장 • 진혼가, 늦게 흘린 피

　열렬한 공산주의자이며 민족주의자였던 이종문은 북한 최고인민위원회의 상임위원회가 1950년 7월 1일 '전시동원령'을 선포하자, 서울에서 자발적으로 서울학생의용군으로 입대했다. 다음은 노획된 그의 일기이다.

　단기 4283년 7월 4일. 28일 서울해방이라는 위대한 인민군의 대덕을 입고 감격과 의열에 불타 서울학생의용군에 참가하다.
　단기 4283년 7월 5일. 작일(昨日)은 시민위원회에서 밤을 지새우고 금일(今日) 의용군 양성(교육) 후 전 Brown 소장이 있던 집으로 파견되었다.

　서기가 아니라 단기로 기록하고 있는 것이 주목되며,[131] 미소공동위원회 미국 대표였던 브라운 소장의 집으로 파견되었다가, 이종문은 불과 나흘의 훈련을 받고 의용군 서울여단 제5대대 1중대 2소대

131　1948년 대한민국 건국 이후 공문서와 화폐에는 단기가 사용되다가, 1960년대 초에 서기로 변경되었다.

2분대에 배치되어 마침내 7월 11일 전선을 향해 행군을 시작했다.

7월 11일 밤 군포를 출발했으나 공습을 받아 야간 행군으로 12일 새벽 5시 수원에 도착했다. 그의 일기에는 '원수를 찾아간다'는 적개심이 불타고 있다.

전진, 전진. 전지(戰地)는 아직도 멀었다. 촌락, 고향과 같은 촌락. 문득 부모 형제 생각. 고향 평택은 쑥밭이 되었다고. . 그놈들, 그 원수를. 이미 나는 인민과 나라를 위해 헌신한 몸이다. 가자. 하루빨리.

북한 인민군 최정예였던 6사단 방호산부대를 따라가는 그의 부대는, 익산과 광주로 파죽지세로 밀고 내려왔고 7월 25일 그는 선발대를 자원했다.

선발대를 자원하고 여단본부 특공대로 출발하다. 광주를 목표로 가던 도중 트럭이 고장 났다. 갈재를 넘어 광주에 도착. 광주전 참가를 목표로 왔으나 2일 전에 함락되고 말았다. 그러나 적은 하루 저녁 사이 진주로 도망갔다. 온종일 다리 공사였다. 새벽 전라도를 도하하야 하동읍에 오다. 7시부터 심한 공습으로 말미암아 목적을 달성치 못하다. 공습을 저녁까지 계속하야 하동을 파괴했다. 그러나 너희들의 최후의 발악도 막다른 골목에 닿았다. 진주도 해방. 남은 것은 대구, 부산 마산 뿐이다. 빨리 나아가자.

6·25전쟁을 조국 해방 전쟁으로 인식하고, 전쟁 전에도 좌익활동에 열심이었을 이종문의 일기는 7월 30일 미군의 무기를 수집하는 기록으로 끝나고 있는데, 아마 그의 일기장이 노획된 것으로 보

아 첫 번째 전투에서 희생된 것 같다.

 강우가 사정없이 내리는 오후 6시에 시작한 무기 수집. 더럽게도 죽
은 미제 놈들의 시체를 헤치고 총기 등 각종 무기 총 150조.[132]

 하동지역에 투입된 미군 제29연대 3대대로 보이며, 하동국도의
쇠고개에서 인민군의 매복공격으로 큰 피해를 입었다.
 이렇게 이념과 민족주의에 충실한 수십만의 남북한 청년들과 모
택동에 의해 충성심을 시험 받은 항복한 수십만의 국민군들,[133] 자
유를 지키기위해 이름도 모르는 나라에 출전한 UN군 4만 896명의
빛나는 청춘의 젊은이들이 한반도에서 목숨을 잃었다.

| 피의 기록

 북한정권은 자신들은 실질적인 정부조직을 운영하고 있었음에
도, 남한에서의 단독정권 수립은 최대한 지연, 실패시켜 무력에 의
한 적화통일을 성공시키려고 하였다. 그런 목적으로 박헌영은 소위
'2.7구국투쟁'의 지령을 내려, 남한을 파업, 폭동, 살인 등의 대혼란
으로 몰고 갔다.
 1948년 2월 7일 전평 산하의 교통운수 노조원들의 파업을 시작
으로 2월 7일부터 3월 24일 사이에 전국에서 약 383건의 방화사
건이 발생하였고, 이 중 적어도 308건이 저명인사들의 가옥에 대한

---

132 김택곤, 『미국 비밀문서로 읽는 한국 현대사 1945-1950』, 2021, 620~625쪽
133 중공군 포로중에 대만으로 돌아간 국민당 귀순자들은, 10명당 소총 하나가 배정되어 한명이 전사하면
　　 다음 사람이 그 총을 들고 싸운 죽음으로 내몰린 소모전이었다고 증언하였다. 김신, 『조국의 하늘을 날
　　 다』, 2013, 191쪽

방화였다. 그밖에 관공서 파괴행위 22건, 도로 및 교량 파괴 50건, 선거시설 파괴가 41건, 71대의 기관차 엔진 파괴 및 손상, 전화선 절단 563회 등의 피해가 발생했다. 인명피해는 공무원 145명, 민간인 150명, 폭도 330명이 사망했고, 그 외에 많은 사람들이 부상을 당했다.[134]

2.7투쟁의 연장으로 남로당은 제주도위원회에 '폭동을 일으켜 단선·단정을 강력히 반대하라'는 지령을 내렸다. 경찰이 노획한 「제주도 인민유격대 투쟁보고서」에 의하면 제주지부는 당 상임위원회를 열어 13대 7로 무장반란을 일으키기로 결정했다. 또한 남로당의 제주도투쟁 격려문에 대한 답신에는 그들의 투쟁목표가 명확하게 기술되어 있다.[135]

'. 우리들은 "조국해방 투쟁사상에 불멸의 금자탑"을 이루는 영예를 관철할 것을 지표로 하여 망국멸족의 단선 분쇄의 가열찬 초소를 죽음으로 지킬 것이며, 통일독립을 우리의 손으로 전취할 때까지 과감히 투쟁할 것을 확언하고 맹세합니다.

1. 남조선노동당 중앙위원회 만세!
2. 조선민주주의인민공화국 만세!'

이 자료를 통해 우리는 4.3사건의 시작이 제주도 남로당원들의 대한민국 반대와 북조선공화국 수호라는 목적에 의한 잔인한 폭동이었음을 분명히 알 수 있다.

또한, 제주도 남로당 세포였던 김생민 씨의 증언은 4.3사건의 출

---

134 김용삼, 「대구 10월폭동/제주4.3사건/여.순 반란사건」, 2019, 119~121쪽
135 김용삼, 위의 책, 126~128쪽

발점이었던 1947년 3·1절 기념집회에서의 유혈사건도 남로당의 계략이었음을 파악할 수 있다.

이어 같은 해 3월 1일, 소위 3·1사건을 일으켰다. 이들은 이날 조천면 사람은 제주읍 동문으로, 애월 쪽 사람은 서문으로, 제주읍 사람은 남문으로 들이닥쳐, 제주읍 전체를 덮도록 했다. 이날 시위는 주둔 미군에 대해 위력을 과시하고 반미 투쟁을 시험해본 것이라 했다.

이런 사건은 모두 제주도 남로당이 단독으로 한 것이 아니라, '박헌영의 지령에 의하여 전남도당의 조직자가 내려와 지휘했다'고 그는 주장했다.

3·1사건 때 그들은 경찰을 고립시키기 위한 방법으로 미리 준비했던 끄트머리를 날카롭게 깎은 대막대기로 기마대 부대장 임영관이 탄 말의 엉덩이를 찌르게 했다고 한다. 말이 날뛰면 군중이 다칠 것을 미리 계산한 행위였다. 이 사건은 계산대로 들어 맞았다. 경찰이 발포, 6명이 죽고, 10여명의 부상자를 낸 것이다.

(당시 경찰관이었던 문창송씨 등은 사망자가 2명이었다고 했다.)

오성찬 채록.정리, 『한라의 통곡소리』, 194쪽

한편, 4.3사건이 그토록 많은 희생자를 낸 것은 섬이라는 배타적인 환경과 혈연으로 연결되어 있는 좁은 지역이라는 점이 크게 작용했고, 3·1 유혈사건 이후 각종 시위와 파업을 해결하기 위해 새롭게 제주도지사로 임명된 전북 출신 유해진의 극우적인 행동이 제주도민들의 강한 반발을 불러왔기 때문이다. 넬슨 미군정 특별감찰관은 「특별감찰 보고서」를 통해 문제점들을 지적하고 유지사의 교체를 건의했으나, 딘 군정장관은 그를 그대로 유임시켰다.

'그는 도정 업무를 적절히 수행하는 데 있어서 반복적으로 무능함을 드러냈습니다. 그는 무모하고 독재적인 방법으로 정치 이념을 통제하려는 쓸데없는 시도를 해왔습니다. 그는 좌파를 지하로 몰고 갔으며 그곳에서 좌익활동은 더욱 위험스럽게 변모했습니다. 또한 테러 행위를 수 없이 자행했습니다. 경찰 최고위직은 모두 육지에서 모집된 경찰관들로 채워졌고, 많은 자리에 제주도 주민들에게 호응받지 못하는 육지 사람들을 임명했습니다.'[136]

유지사와 함께 들어온 육지 사람들 중에는 서북청년단도 있었는데, 그 숫자가 점차 수백명으로 늘어나면서, 제주도민 28만명 중에서 남로당원이 5만명에[137] 달한다는 사실과 함께 좌익 청장년들에 대한 폭행, 강금, 금전수수 등의 여러 행패를 부려 민심이 크게 동요하였다.

1948년 4.3 폭동으로 살인, 방화, 파괴가 일어나자 제주도는 '빨갱이 섬'으로 몰렸고 이승만 대통령과 조병옥 '지방 토색(討索)반도 및 절도 등 악당을 가혹한 방법으로 처리하라'[138]는 지시로 인해 제주도는 지옥같이 변해 버렸다.

제주도 한림읍 명월리는 상·중·하동을 합쳐 200호쯤의 마을이었는데, 좌익 게릴라에게 처형된 사람을 포함하여 100명 이상이 희생되었다. 김응하 씨의 증언에 따르면, 이 마을은 산간에 위치한데다

---

136 김택곤, 위의 책, 543쪽
137 일부의 주장인데, 적극적인 참여자가 아니라 친인척의 권유에 따라 이름만 올린 사람들이 상당한 숫자일 것이다.
138 「국무회의록」, 1949년 1월 21일

마을 중동에 산쪽의 주동자가 있어 좌경마을로 소문이 났다고 한다.

집단 처형은 1948년 11월 18일(음력)에 있었는데, 마을 주변 굴에서 잡아 온 오창규(60세)씨 등 20여명을 한림리의 '까마귀곳'에서 처형했다. 또 하동 사람들은 이보다 일주일쯤 앞선 11월 11일에 현재의 한림 읍민회관 앞밭에서 10명을 집단 처형했다고 한다. 하동의 양중흡씨는 '청백을 가리지 않고 사살했던 까닭에' 집단 처형된 사람들의 제사날에는 '우리 동네 명절한다'고 했었다고 한다.[139]

여기서 잠깐 우리가 짚고 넘어가야 할 것은, 이러한 피의 학살의 시작이 1946년 남로당의 소위 신전술에 의한 매우 잔인했던 '10월 폭동'이라는 것을 잊지 말아야 한다는 것이다. 공산당은 '공포의 전술'을 통해 감히 그들에게 도전하지 못하도록 했다. 하지만, 이러한 전술이 남한에서는 오히려 좌익에 대한 강력한 탄압과 전향으로 이어져, 6·25전쟁 당시 후방의 대규모 좌익폭동이 발생하지 않도록 하는데 일조했고 이로 인해 대한민국은 구사일생으로 살아남게 되었다.

10월 폭동의 배후주모자는 공산당 경북도위원회 대표 장적우, 경북도 인민위원회 위원장 이상훈, 동 보안부장 이재복(뒤에 중앙당 군사부장), 전평 경북평의회 위원장 윤장혁, 농민동맹 경북위원장 장하명, 대구시 인민위원장 서영로, 대구시당 위원장 송기영, 대구시인민위원회 보안대장 나윤출 등이었으며, 나윤출은 씨름대회에서 황소를 300마리나 탄 대역사로 10월 폭동 이후 월북하여 북한

---

139 오성찬 채록.정리, 『한라의 통곡소리』, 1987, 29-31쪽

최고인민회의 대의원으로 선출되었고 1959년 체육지도위원회 씨름분과위원장과 민족체육협회 회장을 지냈다.[140]

폭동 선동대는 대구경찰서 관내의 동촌지서 등 6개 지서와 중앙동 파출소 등 9개 파출소, 달성경찰서 관내의 현풍지서 등 8개 지서 및 대봉동 파출소 등 3개 파출소를 차례로 점거한 다음 경찰 가족, 우익 인사를 닥치는대로 학살하고 주택과 가구를 파괴했다.

1월 2일 밤 미군 순찰대가 달성공원에서 7구의 경찰관 시체를 발견했는데, 두 명은 목숨을 부지하고 있었으나 사지가 제대로 붙어 있는 것이 없었고, 일부 경찰관은 거세를 당했다. 폭도들은 경찰의 얼굴과 신체를 칼과 도끼로 난자하여 살해했고, 손을 등 뒤로 묶고 피를 흘려 쓰러질 때까지 날카로운 돌을 던졌으며, 큰 돌을 머리에 던져 짓이기는 방법으로 살해했다. 상주에서는 10월 3일 폭도들이 경찰서를 습격하여 근무 중이던 경찰관 5명을 폭행한 후 산 채로 생매장했다. 임고면의 3만석 대지주 이인석은 악질 지주라 하여 군내에서 반동분자로 몰린 주민 20명과 함께 학살되었는데, 그의 네 살바기 손자까지 함께 참살당했다.[141]

악명을 떨친 서북청년회도 피가 피를 부르는 '피의 전쟁'에서 많은 희생자가 나왔다. 제주도 4.3의 경우에도 남한 정부의 요청에 의한 출동으로 인해, 제주에서 전사한 군인이 180여명, 경찰 전사자 140여명이었는데 서청은 모두 639명으로 가장 많은 희생자가

---

140 김남식, 『남로당 연구』, 1984, 244쪽
141 김용삼, 위의 책, 77~78쪽

발생했다.[142]

　소련 군정과 북조선 공산당의 점령군식 횡포와 정치 활동 금지, 토지개혁에 따른 토지몰수 및 고향 추방은 대부분 중소지주의 후손이었던 청년들의 강한 분노를 불러왔고, 월남한 이들은 공산당의 실체를 경험한 가장 강력한 반공단체가 되어 각종 강연회, 좌익에 점령된 기업체와 수세에 몰린 지방 우익의 요청에 따라 거침없이 출동하여 폭력을 동반한 활동으로 해방 초기 좌익 우세의 정세를 우익 우위의 정세로 돌려 놓았다. 번영한 자유대한에서 풍요를 누리는 우리들이 그들을 비난할 수는 있지만, 그들이 흘린 피의 혜택을 입고 있는 것을 부인할 수는 없을 것이다.

　초기 4개월을 빼고 1947년 5월에서 9월까지의 5개월 사이 서청 남선파견대 사망자는 100명을 훨씬 넘었다. 서청은 테러엔 테러로 보복했다. 서청대원이 습격을 당한 곳은 그 지역 우익단체가 가르쳐주는 공산당계 조직원 집에 쳐들어가 가재도구를 부수고 매질했다. 서청대원이 죽임을 당한 곳은 공산당원도 반드시 죽이는 것으로 보복했다.

　보복은 당한 것보다 최소 2배 이상 되갚는 것이 서청의 불문율이었다. 따라서 서청 쪽 희생자가 100명을 넘었으니 공산당계 청년들의 죽음은 최소 200명이 더 된다. 해방 정국 좌우 투쟁은 정치 투쟁이 아니라, 피를 부르며 전쟁하는 정치였다.

이영석, 『건국전쟁』, 309쪽

　소년 서청대원이었던 이창복도 순회강연과 남선파견대의 활동을 하다가 1947년 5월 8일 대덕 농민조합연맹 농부들의 장작개비에 맞아 17년의 짧은 삶을 마감했다.

142　이택선, 『취약국가 대한민국의 탄생』, 2020, 139쪽

강원도 철원읍 출신인 그는 철원중학 3년 시절 항일 서클에 가담하였고, 해방 후 한민당으로 활동하다 체포되어 기차로 어딘가에 끌려가던 중에 탈출하여 월남하였다.

서울에서 서청에 들어간 그는 지령을 받아 38선을 넘어 이북 정세를 탐문하였으며, 지방에서 강연회를 통해 소련 군정의 폭정을 고발하기도 하였다. 그러다가 임일이 이끄는 남선파견대에서 활동하던 중에 유성온천에서 습격을 받아 사망하게 되었다.

농민조합연맹 유성지부 위원장 송일성이 지휘하는 농민군, 남로당, 민주애국청년동맹 행동대가 합동한 300여명이 죽창, 세모 방망이 등으로 무장한 300여명에 의한 포위 공격으로 서청 남선파견대 30명 중에 20명이 중상을 입은 사건이었다.[143]

| 이 山河에 고이 잠드소서

광복을 맞은 한민족이 스스로의 힘으로 독립을 얻은 것이 아니었음으로, 혼란은 사실 당연한 것이었다. 더욱이 운이 없었던 것은 전쟁을 일으킨 일본은 분단과 내전을 겪지 않았는데도, 식민지였던 조선이 지독한 폭력과 내전에 휩쓸렸다는 것이다.

하지만 누구누구를 탓 할 수는 없다. 소련은 천만명 이상, 일본은 수백만명, 미국도 수십만명 이상이 전쟁에 희생되었는데, 일제의 군인으로 함께 전쟁에 참전한 국가가 아무 희생 없이 자유와 번영을 누리겠다는 것은 지나친 욕심 아닌가.

조선이 망할 때도 의병전쟁은 있었지만 정규군의 전쟁은 없었고,

---

143 이영석, 『건국전쟁』, 2018, 299~304쪽

1945년 해방 때에도 대규모 전투를 감행한 독립군은 없었다. 500명 정도의 광복군이 고작이었다.

그런 의미에서 1945년 광복 이후에 흘린 수많은 피와 눈물은 뒤늦은 독립전쟁이요 건국전쟁이었다.

한편, 1952년 3월 대한민국 공보처에서 발행한 『6·25사변 피살자명부』에는 5만 9,964명이 기록되어 있는데, 대부분 우파 피해자여서 좌파까지 합치면 최소 10만명을 훨씬 넘을 것이다. 특히, 인민군에 의한 학살과 국군의 수복 이후의 학살이 겹쳤던 전라도의 경우에는 그 피해가 극심했다.

가장 피해가 컸던 영광군은 군민 13만 명 중에 좌우 모두 3만여 명의 희생자가 발생했다. 전쟁 초기 경찰에 의한 보도연맹 학살자 200여명에 대한 인민군 점령 이후의 좌익의 복수, 인천상륙작전 이후 후퇴하지 못한 빨치산들에 의한 학살 등이 그 원인이었다.[144]

진도의 ㅇㅇ마을에서도 5명의 보도연맹원이 경찰에 의해 처형되면서, 인민군이 8월 31일 진도를 점령한 이후 경찰, 면장, 우익단체에 대한 학살과 국군에 의한 수복 이후 도망가지 못한 20여명이 부역자로 간주되어 처형되어, 좌우익 모두 이 마을에서만 167명이 사망하였다.[145]

영암군 군서면에서는 경찰이 보도연맹원 20~30여명을 처형하였고, 인민군 점령 이후에는 우익에 대한 학살이 자행되었다. 또한 인민군 후퇴 이후 빨치산들이 구림교회에 교인들을 가두고 불을 질러

---

144 『월간조선』 2002년 4월호
145 박찬승, 『마을로 간 한국전쟁』, 2010, 126쪽

18명을 학살했고, 1950년 10월 7일에는 공산당이 우익인사와 양민 28명을 민가에 가두고 불을 질렀다. 이런 참극이 되풀이되어 반년만에 희생자가 262명에 다달았다.

구림마을은 2006년 이후 '전쟁의 상처'를 치유하기위해 합동위령제를 올렸고, 기금을 마련하여 2016년 11월에 『용서와 화해의 위령탑』을 세웠다.

한 많은 이 세상 좌와 우에 이유도 없이 영문도 모르고 죽임을 당한 임이시어!

가해자와 피해자, 너와 나 낡은 구별은 사라지고 아름다운 사람들의 향기만 가득하리오. 결코 지울 수 없는 님들의 탑명을 용서와 화해의 위령탑이라고 하였으니 이제 우리들의 뒤늦은 속죄를 물리치지 마시고 월출산 기슭에 고이 잠드소서. 『2016.11.17』

제2부
건국신화

어머니도 말씀하셨소, 은빛 발을 가진 여신 테티스께서, 나를
두 가지 서로 다른 사망의 전령이 죽음의 끝으로 데려갈 것이라고.
만일 이곳에서 남아 머물면서 트로이아인들의 도시를 둘러싸고 싸우면
귀향의 길은 내게서 영영 사라지겠지만, 내 명성은 불멸할 것이라고.
그러나 내가 집으로, 나의 사랑하는 조국의 땅으로 돌아가게 된다면
고귀한 명성은 내게 사라지겠지만, 내게 수명은 오랫동안 길고 길게 지
속될 것이며, 죽음의 끝은 나를 일찍 찾아오지 않을 것이라고.

『일리아스 제9권 408~416행, 김헌 옮김 』

제1장 • 첫번째 민주주의자 신익희

公 在 此 國 重 (공재차국중)
公 去 大 韓 空 (공거대한공)
공께서 계실 때에는 이 나라가 무겁더니,
공께서 아니 계심에 대한민국이 텅 비었습니다.

잃어버린 민족지도자. 참으로 통탄할 일이었다. 3·1운동부터 임시정부 참여, 좌우를 넘나드는 무력투쟁, 테러까지 불사한 반공투쟁, 6년간의 국회의장 활약, 이승만의 무도한 독재에 결연히 일어난 민주주의투사!

그가 3대 대통령 선거유세에서 전국적으로 수십만명을 모으는 최초의 야당 바람을 일으키던 1956년 5월 5일, 호남행 열차에서 뇌일혈로 사망하고 만 것이다.

이승만은 신익희 국회의장이 요구한 6·25전쟁 책임에 대한 대국민 사과 성명을 거부했으며,[146] 1952년 부산정치파동으로 민주주의를 파괴했고, 마침내 1954년 사사오입 개헌을 강행하여 야당과 국민의 강력한 반독재투쟁을 불러왔다.

---

146 한수자, 『버림』, 2006년, 150쪽

대세가 기울어지는 분위기가 확산되어 공무원들이 해공 신익희에게 줄을 대는 등 불안해하자, 민주당 대통령 후보 신익희는 담화를 발표하여 불안을 가라앉혔는데, 그 내용에서 대통령 이승만의 공과 과가 여실히 드러난다.

'공무원들이 신분을 불안해 하는 모양인데 그럴 수 없는 일이다. 책임자들 안심용으로 내 친필을 발송하라… 우남(이승만)은 연령으로나 독립운동 경력으로나 겨레의 영웅인데 저리되시다니 침통하고 애달프다. 나이로 찍어 누르는 우남의 노욕에 바른 말하는 사람을 곁에 두지 못한 탓이다. 결국 우남은 민족의 정기를 세우는데 실패했고 그것은 내치의 과오로 이어졌다. 하지만 미국·일본을 다루는 솜씨와 인구 2,500만명 나라에 40만 대군을 거느리는 통솔력과 타고난 청렴성은 인정해야 한다. 여전히 우남은 나라의 구심점이다. 내가 대통령이 돼도 그 분을 나라의 어른으로 모실 참이다.'[147]

'못살겠다 갈아보자'는 구호로 선풍적인 인기를 끌던 해공이 사망하자, 국민들은 비통에 잠겼고 추모표가 185만표나 나왔다. 서울에서는 전체 투표자 60만여명 중 이승만이 20만여 표, 신익희 추모표가 무려 28만 4,359표[148]가 나와 정권교체의 열망이 얼마나 강했는지 알 수 있다. 또한, 이승만에게도 건국의 영웅으로 존경받을 마지막 기회가 사라지게 된 것이고, 대한민국은 미진했던 친일청산과 부정부패 척결을 해결할 절호의 시기를 놓치게 되었다.

---

147 한수자, 위의 책, 62쪽
148 이강수, 『신익희』, 192쪽

해공은 친일경력이 있는 사람들이라도 적극적 반민족행위를 하지 않았다면 대범하게 포용하려는 자세를 여러 차례 보였지만, 국회의장과 대통령 후보로서는 반민특위 적극 지지와 친일청산의 강한 의지를 천명했다.

'독립정신이 쇠약하다. 전화(戰禍)에 부정부패까지 만연하니 신흥국으로서 순결미를 찾아보기 힘들다. 미흡한 역사청산이 문제다. 악질부류를 추상열일(秋霜烈日)의 태도로 다스려야 한다. 반국가, 반윤리, 반민족적으로 축재한 공무원 몇 명만 골라 수술하면 되는데 시기를 놓칠까 걱정이다. 너무 가혹하고 야만적이라는 평가를 들을 수도 있다. 두려워마라. 중국의 장개석도 공개처형으로 공무원의 탐욕을 다스렸다.'149)

⏐ 실사구시의 독립운동가

신익희는 1894년 경기도 광주군 서하리에서 소론계인 평산 신씨 신단의 6남 1녀 중 막내아들로 태어났다. 고조부 신대우가 조선 양명학의 대표적인 학자인 정제두의 계승자여서, 신익희는 자연스럽게 명분 보다는 실질적인 가치와 행동들 중시하는 전내실기(專內實己, 내면을 오로지 하고 자기를 참되게함)의 정신을 간직하게 되었다. 향후 독립운동에 있어서 좌우를 넘나드는 파격적인 행보는 이러한 가풍이 영향을 미쳤을 것이다.

서울에서 관립 한성외국어학교 영어과를 다니던 그는, 1910년 한일합방으로 비탄에 잠겨 있다가 조국을 다시 되찾으려면 반드시 신학문을 배워야 한다는 생각으로, 1912년 4월 동경의 와세다대학

---

149 한수자, 위의 책, 132쪽

정치경제학과에 입학하였다.

　1916년 9월 제4대 학우회 회장이 되어 활동하기도 하였으며, 민족의식을 높이는 '조선학회'에서도 글을 발표하고 토론에 참여하였다. 방학 때에는 한국에 돌아와 소학교 역할의 광동강숙 설립에 참여하여, 신학문 교육에 열정을 보였다. 여기에서는 『심상소학』, 『유년필독』, 『국민독본』 등을 가르쳤는데, 현채(玄采)의 유년필독은 일제가 1909년 금서로 지정한 언문교과서로 아동들에게 윤리교육과 민족주체의식을 함양시키고 국가의 흥망성쇠가 국민에게 달려있다는 국가사상을 강조하기 위해 지어진 책이었다.[150]
　이러한 민족교육을 중시한 신익희의 생각은 해방 이후에도 이어져, 1946년 12월 국민대학을 설립하게 되는 결과를 낳았다.

　1918년 미국대통령 우드로 윌슨이 '민족자결주의'를 발표하자, 식민지 조선에서는 독립운동이 활기를 띠게 되었고 신익희도 1918년 11월 독립선언의 움직임을 알리기위해 중국으로 가게 되었는데, 1919년 3·1운동 다음날인 3월 2일에 귀국하여 보성법률학교 제자인 강기덕과 한창환 등에게 연락하여 3월 5일 제2차 만세시위를 주도하였다.[151]
　그와 이기원 등은 등사기를 빌려 독립선언서를 등사해서 각 가정에 배포하였는데, 일경에게 정보가 탐지되어 이기원은 체포되고 신익희의 집에도 일경이 들이닥치자 뒷담으로 도망친 그는 결국 중국

150　이현희외 2명, 『해공 신익희 연구』, 2011, 95쪽
151　위의 책, 117쪽

망명을 결심하고 기차를 통해 신의주, 봉천을 거쳐 19일 상해에 도착하게 된다. 이때 절친한 친구인 와세다대학 동기 윤홍섭[152]으로부터 순종비 윤황후에게 받은 10만원이라는 거액을 전달받아 임시정부 설립에 보태게 되었다.

임시정부가 설립되자 신익희는 임시의정원 의원으로 선출되었고, 대한민국임시헌장기초 심사위원, 내무차장으로 임명으로 내무총장 안창호가 상해에 없었기 때문에 실질적인 업무를 담당하여 맹활약하였다.

그런데 1922년이 되자 독립운동의 노선에 대한 의견충돌이 격화되어, 임시정부를 해소하고 새로운 지도조직을 만들자는 주장이 대두되어 신익희도 '국민대표 회의' 개최에 찬성하였다. 1923년 1월부터 5월까지 국민대표 회의가 개최되었지만, 갈등만 증가하고 별다른 성과없이 끝나자 신익희는 유명무실해진 임시정부를 떠나 항일무력투쟁에 투신하게 되었다.

그는 시안(西安)의 중국국민당 후징이를 찾아가 분용대(奮勇隊)를 조직하고 군사교육에 힘을 기울였다.

임시정부 간판만을 붙들고 있었댔자 큰 발전이 있을 것 같지도 않아 독립운동의 활로를 딴 방향으로 개척하지 않으면 안 되겠다고 생각하여. 이렇게 선전이나 평화로운 방식으로는 더이상 독립운동을 추진할 수 없음을 깨닫고 우리 임시정부는 간판만이라도 유지해 나가야 하겠기에 늙고 비교적 활동력이 부족한 독립운동의 원로 동지들에게 맡기고 나는 당시 혁명의 상승기에 있는 중국혁명과 연계하여 한중합작

---

152 해풍부원군 윤택영의 큰아들로, 미국으로 유학하여 콜롬비아대학 석사와 아메리칸대학 박사학위를 취득하였다. 해방 이후 한국민주당 발기인, 숙명학원 이사장, 대동청년단 상무이사 등의 활동을 하였다.

으로 평소 주장이던 군사행동의 일부를 실현하여 보려 하였다.[153]

후징이는 중국 신해혁명에 참여한 군인이었고, 그가 일본에 있을 때 신익희와 교류가 있었다. 그는 신익희를 육군 중장으로 임명하였고, 분용대에서 중국인 300명과 한인 청년 200명 등을 모아 군사교육을 실시하게 하였다. 일종의 유격부대였던 분용대의 국내 진격 작전을 위하여, 신흥무관학교 졸업 후 의열단 활동을 하던 성주식을 북만주로 초빙하여, 분용대 연성대장으로 임명 후 교육훈련 및 국내진공 작전을 준비하였다.

하지만, 분용대의 계획은 적극적 후원자였던 후징이가 1925년 5월 급서하게되어 무산되었으며, 후일 중국군이 동북 삼성의 일본군을 공격할 때 성주식이 분용대 대장으로서 크게 활약하였다.[154]

신익희의 무장투쟁은 좌파조직인 '조선청년전위동맹'에 1938년 가담하여, 10월에는 김규식. 김원봉과 함께 좌파무장단체인 '조선의용대'를 편성하면서 계속되었다. 유치송의 증언에 의하면, 신익희는 의용대원 수십명과 함께 중국 각지를 다니며 선무공작을 지휘하였다고 한다.[155]

신익희의 이러한 좌우를 넘나드는 무장투쟁활동은 민족독립에 있어서 군사활동이 반드시 필요하다는 신념에 의한 것이었다.

이러한 그의 활동은 1941년 조선의용대 제2지대가 화북의 중국공산당에 합류하고, 김원봉의 본대가 임시정부의 광복군에 들어옴

---

153 이강수, 위의 책, '자서전', 73쪽
154 이현희외 2명,위의 책, 175쪽
155 이강수, 위의 책, 95쪽

에 따라 신익희도 만 20년 만에 충칭의 임시정부에 복귀하게 된다.

한동안 임시정부의 외부에 있던 그는, 외교부장으로 있던 조소앙에 의해 외교연구위원회 위원으로 발탁되었고, 1944년 5월 내무부장에 임명되면서 비로소 중심위치에 서게 되었다. 당시의 임시정부는 좌파가 함께한 '좌우연합정부'였는데, 민족진영이 주도하는 조직에 좌파가 참여하는 형식이었다. 민족혁명당 위원장인 김규식이 부주석, 김원봉이 군무부장, 조선민족혁명자통일동맹의 유동열이 참모총장에 선임되었다

| 민주주의의 정경대도(正逕大道)

　광복 이후 임시정부 2진으로 환국한 신익희는 임시정부의 법통을 신국가에서 이어가기 위해 소위 '쿠테타'라고 불리우는 정치 활동까지 감행하며 맹렬한 활동을 하였다.

　1945년 12월 28일 신탁통치가 공식 발표되자, 임시정부는 즉시 '신탁통치반대국민총동원위원회'를 결성하고, 결의문과 내무부장 신익희 명의로 국자(國字) 1호와 2호를 발표하였다.

『국자 제1호』

1. 현재 전국 행정청 소속의 경찰기구 및 한인 직원을 전부 본 임시 정부 지휘 하에 예속케 함
2. 탁치반대의 시위운동을 계통적 행할 것
3. 폭력행위와 파괴행위는 절대 금함
4. 국민의 최저 생활에 필요한 식량, 연료, 수도, 전기, 교통, 금융, 의료기관 등의 확보 운영에 대한 방해를 금지함

『국자 제2호』

　이 운동은 반드시 우리의 최후 승리를 취득하기까지 계속함을 요하며 일반 국민은 금후 우리 정부 지도하에 제반 사업을 부흥하기를 요망한다.

　이러한 선언과 실력행사[156]에 미군정은 이런 행동을 '쿠테타'로 규정하고, 김구를 불러 강력 항의하였으며 신익희는 CIC본부에 연

156　신익희는 서울 시내 경찰서장 9명을 소집하여 임시정부의 지령에 따를 것을 지시하였고, 경찰서장들은 이에 적극 동참하였다. 또한, 미군정청 3천여명의 한국인 직원들이 총사직을 결의하고 시위 행진을 하였다.

행되어 이틀 동안 심문을 받았다.

한편, 신익희는 임시정부의 조직기반을 강화하기위해, 전국적으로 활동하는 '정치공작대'를 조직하였는데, 미군정 CIC보고서에 의하면 당시 정치공작대 본부원은 203명, 정치위원은 155명 등이었다고 한다.

북한에서도 진행된 정치공작대의 활동은 테러활동으로 유명한 '백의사'와의 협력으로, 대북 반공테러가 진행되었다. 평양의 3·1절 기념행사에서 김일성을 암살하기 위해 폭탄을 투척하였고, 3월 3일과 5일에는 최용건의 집을 습격하였으며, 김책.강양욱의 집도 각각 습격하였다. 테러 가담자 중 최기성, 김정의는 체포되었고, 이희두는 사살되었으며, 이성열은 월남하였다.[157]

이러한 테러활동의 여파로 1948년에 김구가 평양을 방문하였을 때, 평양 곳곳에는 '김구·이승만 타도하자'는 구호가 붙어 있었고 김구를 타도하자는 구호가 울려퍼져 김구 일행은 쓴 웃음을 짓고 말았다.[158]

김구 중심의 역사서술과는 달리, 1947년부터 이승만의 단독정부론은 대세를 형성하며 세력이 계속 확대된 반면 김구는 고립되기 시작했다. 1947년 5월 미소공동위원회가 재개되자 김구와 달리 한독당 안재홍, 박용희, 조헌식, 이의식, 장지필 등 중앙위원 80여명은 '우리 민족 총의인 자주독립을 쟁취키 위해서는 기동성 있는 총명 과감한 발전적 투쟁이 필요하다'면서 공동위원회에서의 합의와

---

157   이강수, 위의 책, 138~140쪽
158   선우진, 『백범 선생과 함께한 나날들』, 2009, 146~151쪽

지지는 결정적으로 필요하다고 주장하였다.

또한, 신익희도 북한이 소련에 예속된 괴뢰국가라는 인식과 입법 의원으로서 미소공동위원회에 참가한 결과 협상이 불가능함을 알게 되어 이승만 노선에 점차 가담하게 되었다. 결국 7월 20일 한국 독립당을 탈당하고, 입법의원 20명과 함께 민족대표자회의에 합류하였다. 이후 임시정부 원로였던 이시영도 9월 1일 국민회의의 남한단정 반대결의의 부당성을 이유로 임시정부 국무위원과 의정원 대의원을 사퇴하였다.[159]

1948년 5.10선거를 앞두고 한독당 지방 지부장들은 '대의기관을 통해 당의·당강을 실현'할 목적으로 "선거운동에 참여하자"는 주장이 공개적으로 제기하였다. 「동아일보」 1948년 4월 21일자에는 '한국독립당과 중간파들이 무소속으로 대거 출마하다'라는 제목의 기사가 실렸다. 실제로 제헌국회의원 198명 중 무려 85명이 무소속으로 당선되었다.

즉, 대한민국 건국에 참여한 세력은 5.10선거를 전후로 하여, 중간파 연합의 민족자주연맹과 한독당 계열, 안재홍의 신한국민당 계열, 조소앙의 사회당 계열, 진보파 조봉암 계열, 김규식과 신익희 계열이라고 할 수 있다.[160]

5.10선거에서 고향 경기도 광주에서 당선된 신익희는 초대의장 이승만이 대통령이 되어, 의장이 공석이 되자 압도적 지지로 후임

---

159   이강수, 위의 책, 158쪽
160   이강수, 위의 책, 166쪽

국회의장에 선출되었고, 1950년 2대 국회의장에도 후덕한 인품과 포용력으로 무난히 당선되어 총6년간 국회의장직을 수행하였다.

이렇게 대한민국이 지난한 과정을 통해 건국되었으나, 북의 적색 제국주의 세력은 4.3사건과 여순반란사건, 대규모 게릴라 남파 등으로 남한정권을 무너뜨리려 시도하였고 마침내 1950년 6·25전쟁을 도발하고야 말았다.

전쟁 발발 직전에 도착한 한국 최초의 전함 백두산함의 활약과 대만(중화민국)의 안보리 참여에 대한 문제로 UN안보리에 불참한 소련이 아니었다면, 패망 직전에 갔음에도 이승만은 신익희의 사과 성명 요구는 거부하고, 오히려 1952년 부산정치파동을 일으켜 갓 태어난 한국 민주주의를 파괴하였다. 또한, 1954년 이승만의 영구 집권을 위한 사사오입 개헌이 이루어지자 한국 정치는 독재의 길에서 빠져 나올 수 없게 되었다.

이에 신익희와 조병옥, 장택상, 소선규 등 야당의원 60여명은 1954년 11월 30일 '호헌동지회'를 결성하였고, 1955년 9월 19일 마침내 신익희를 대표 최고위원으로 하는 한국 최초의 통합야당인 민주당을 발족하기에 이르렀다.

다음은 부산정치파동 13일 후인 1952년 7월 17일 신익희 국회 의장의 제4회 제헌기념일 기념사로, 그의 민주주의 정신 및 이승만 정권에 대한 선전포고적 경고가 담겨있다.

첫째는 이 헌법 공포의 중요성입니다. 우리는 오랜 봉건적 왕조와 외래 제국주의로 고난의 몇 세대를 지나서 유사 이래 처음으로 주권재민 이라는 민주헌법을 가지게 된 것입니다. 이날부터 이 나라의 모든 권력은 전 국민에게서 나오고 일체의 특권을 허용하지 않게 된 것입니다.

둘째는 그 내용의 중대성입니다. 우리는 이 민주헌법에 의하여 국민 각개의 개성의 존엄이 보장되었으며 의사표시의 자유와 신앙의 자유를 위시한 모든 행동의 자유가 보장되었으며 국민 대 국가의 권리와 의무가 규정되었습니다.

셋째는 이 헌법수호의 중요성입니다. 민주주의는 개성을 존중하고 자유를 보장하느니 만큼 이에 따르는 탈선의 폐단도 없지 아니하니 이 것을 방지하고 건전하게 민주주의를 발전시킴에는 법률로서 이 자유의 한계를 정하고 이 법률을 준수하는 것이 절대로 요청되는 바입니다. 한편으로 민주주의의 자유를 인증하고 다른 한편으로는 준법이 엄격히 실행됨으로써 이것이 표리가 되어야만 민주주의는 정상적 발전을 하게 될 것입니다. 이 준법의 엄격성의 한 예로는 우리나라 최고의 행정수반의 대통령도 취임할 때에는 반드시 먼저 헌법을 준수할 것을 선서하는 것으로 보아도 알 수 있습니다.

우리 국민은 이날을 당하여 우리가 가지게 된 이 헌법의 수호를 위하여 만난을 무릅쓰고 매진하여야 하며 이것을 무시하거나 위반하는 일이 있다면 그것은 국민의 심판으로 엄숙히 광정(匡正)하여야 할 것입니다.[161]

그러나 참으로 야속한 '역사의 신'은 1956년 5월 5일 신익희를 호남행 유세열차에서 뇌일혈로 사망하게 한다. 그 당시 동시에 유행한 '비 내리는 호남선'은 비탄에 잠긴 대한민국에 울려퍼졌고, 이승만은 명예로운 퇴진을 위한 마지막 기차를 놓치게 되었다.

---

161   이현희외 2명, 「해공 신익희 연구」, 352~354쪽

비내리는 호남선

박춘석 작곡, 손로원 작사, 손인호 노래

'목이 메인 이별가를 불러야 옳으냐
돌아서서 피눈물을 흘려야 옳으냐
사랑이란 이런 가요 비 내리는 호남선에
헤어지던 그 인사가 야속도 하드란다
다시 못 올 그 날짜를 믿어야 옳으냐
속는줄 알면서도 속아야 옳으냐
죄도 많은 청춘이냐 비 내리는 호남선에
떠나가는 열차마다 원수와 같드란다'

제2장 ● 임시정부의 심장 김구

김구와 이승만은 식민지시대 한국인의 독립운동을 상징하는 두 영웅이었다. 그런 그들에 대한 21세기의 평가는 피란만장한 두명의 인생만큼 극단적인 형태를 보이고 있다.

이승만은 우파들에 의해 대한민국 건국 대통령으로서 재평가가 활발하게 이루어지고 있지만 그의 노욕에 의한 불명예 퇴진으로 대중들의 반응은 크지 않은 상황이며, 김구는 좌파 정치인들이 '초대 대통령은 이승만이 아니라 김구가 되어야 했다'라고 공공연히 발언할 만큼 대중들에게 진정한 민족지도자로 자리잡고 있다.

반면, 뉴라이트와 신우익들은 김구를 대한민국 건국을 방해한 인물이며, 다른 독립운동가들도 일부 잘못된 행위들을 들추어 폄하를 시도하고 있다.

전쟁과 군사독재, 민주화운동의 시대를 지나오며 고난을 겪은 사람들이 무수히 많아 대한민국의 갈등상황은 쉽게 개선되지 않을 것이다. 그러나 한국현대사의 인물들에 대한 공정하고 정당한 공과

과의 평가는 후대 세대들에게 바른 역사관을 가지게 하는데 필수적이다.

김구와 이승만에 대한 신화도 일부 걷어내어, 지나친 찬양과 비난을 방지해야 할 것이다.

| 불멸의 독립혼

상민, 즉 멸시받는 평민으로 태어나 한국 최고의 민족 지도자가 된 김구의 인생은, 청장년기의 다소 과격한 항일운동에서 중년 이후의 중후한 결단력으로 불굴의 독립정신을 과시한 한편의 성장드라마이다.

백범의 청년기는 반항아의 모습으로, 그의 선조들은 200여년 전 간신으로 유명한 김자점의 역모에 따른 멸문지화를 피해 황해도로 숨어 들어 신분을 숨기고 살았는데, 『백범일지』에 그러한 내용을 밝히고 있다.

어린 시절 익힌 한학에 의한 출사는 부패한 과거제도에 의해 좌절되고, 낙담한 백범은 한때 관상을 공부하였는데 자신의 관상을 보니 귀격이나 부격은 없고 천격과 빈격만 있어 크게 낙담하였다.

그런 와중에 『마의상서(麻衣相書)』한 구절이 그가 운명을 개척하여 분발하게 하는 동기를 만들어 주었다.

'상호불여신호(相好不如身好) 신호불여심호(身好不如心好)'

얼굴 좋음이 몸 좋음만 못하고, 몸 좋음이 마음 좋음만 못하다.

이 글귀를 보고 김구는 마음 좋은 사람이 되기를 굳게 결심하였다. 사실 청년기 김구의 인상은 마마 자국과 거친 성정으로 다소 험악한 인상이었는데, 마음공부와 대의를 따르는 자세를 유지하여 중년 이후에는 인자하면서도 위엄있는 인상을 가지게 되었다.[162]

백범은 18세에 동학에 입도하게 되고, 이듬해인 1894년 동학농민 전쟁에 애기접주로 불리우며 참전하였으나 실패하였고, 1896년에는 유명한 치하포 사건으로 투옥되게 된다.

국모살해에 대한 보복으로 일본인 육군 중위를 칼로 찔러 죽였다는 것인데, 일본인의 신분이 「백범일지」에만 군인으로 기록되어 있고 심문조서, 기타 보고서, 「독립신문」 등에는 모두 일본 상인으로 되어 있어 이 부분은 백범의 의거를 과장, 왜곡한 것으로 보인다.[163] 실제 그가 일본 장교였다면, 이후 김구가 탈옥과 국내활동을 하기에는 중범죄인의 죄가 너무 큰 것이었을 것이다.

일제는 1911년 1월 5일에 '데라우치총독 암살음모' 즉, 105인 사건을 조작하여 600여명의 애국지사를 투옥했는데, 김구도 체포되어 심한 고문을 받고 3년 6개월만인 1915년 8월 가출옥 되었다.

---

162   김삼웅, 『백범 김구 평전』, 69~70쪽
163   김상구, 『김구 청문회』, 2014, 57~69쪽

1919년 3·1운동의 소식을 황해도 안악에서 들은 김구는, 상해로 망명길에 올라 4월에는 임시정부 내무위원이 되었고, 9월에는 내무총장 안창호의 도움으로 경무국장에 임명되었다.

임시정부의 경호와 밀정 색출 등을 책임지는 경무국장의 역할에서부터 김구의 운명은 어느 정도 결정되었다고 하겠는데, 위풍당당한 체격과 결단력을 가지고 한국노병회와 한인애국단, 해방 이후의 청년단을 관리하면서 혈기 넘치는 청년들의 지지를 받아 임시정부의 상징이 되었지만, 결정적인 순간 장덕수 암살에 그의 청년단이 사건에 연루되어 재판정에까지 서게 되어 결국 정치적 고립으로 극우세력에게 암살되는 최후를 맞게 된 것이다.

임정 보위와 경찰책임자를 맡다 보니, 불미스러운 폭행사건도 여러 건 남게 되었다. 임정을 반대하던 박은식에게 '이를(국민대표회의) 강행한다면 이완용 이상의 국적이 될 것이다'라는 격한 용어를 쓰고, 그의 아들 박시창을 구타하여 병원에 입원까지 하는 사건도 있었다.[164]

어쨌든, 백범 김구의 가장 큰 업적은 노쇠화한 임정을 의열활동을 통해 우뚝 세워 끝까지 지켜낸 것이다. 이동녕이 주석으로 있던 시기에 특무활동의 전권을 위임받아 비밀결사인 '한인애국단'을 결성하여 이봉창과 윤봉길의 의거를 성사시킨 업적은 한국인의 애국심을 세상에 널리 알린 빛나는 쾌거였다.

1931년 11월에 결성된 한인애국단은 비밀결사여서 정확한 인원

---

164 김삼웅, 위의 책, 236쪽

과 이름은 알 수 없지만, 신용하 교수가 정리한 명단이 있다.

'단장: 김구

단원: 안공근 김동우 김해산 엄항섭 김홍일 안경근 손창도 김의
한 백구파 김현구 손두환 주엽 양동호 이덕주 유진식 이봉
창 윤봉길 유상근 최홍식 이수봉 이성원 이성발 왕종호 이
국혁 노태영 김경호 김철'[165]

1935년 6월 남경에서 9개 독립운동단체의 대표회의가 열리고 7
월 5일 통합'민족혁명당'이 결성되자, 신당의 김두봉과 김원봉 등
은 '5당이 통일된 이 시점에 명패만 남은 임시정부를 존재케 할 필
요가 없으니 해체해 버리자'라는 강경한 주장을 했다.

이 소식을 듣고 격분한 김구는 항주에서 이시영, 조완구, 김붕
준, 양소벽, 송병조, 차리석 등 의정원 의원들과 임시정부 문제를
협의한 결과, 3·1항쟁의 국민적 역량으로 결성된 임시정부는 유지
되어야 한다는 데 의견의 일치를 보고 국무위원 김구 명의로 의정
원 의원들에게 강력한 서한을 보냈다.

동양의 괴수 일황을 처단하고 그의 장수와 신하를 살육하는 것이 우
리 신성한 정부의 역할이다. 한족의 피를 가지고 국권·국토를 광복하려
는 한인은 거개 임정을 응대할 의무가 있다.(중략) 그동안 자기 필요로
임정 직원이 되었다가도 개인적 불만이 있을 때는 헌신짝처럼 벗어던
지고 반역을 기도함이 한두 사람에 그치지 아니하였다.

지금 제공은 김구 역시 그런 의롭지 못하고 신뢰할 수 없는 사람으

---

165 김삼웅, 위의 책, 위의 책, 263쪽

로 보는가.

김구는 비록 현직을 갖기는 능력이 없으나 국민된 책임만은 명심각골하고 모험 분투해왔다.

이봉창·윤봉길 두 의사가 결코 자기 일신만의 충혼이 아니고 재래 순국의열의 하늘에 계신 영령이 총동원하여 한편으로 임정 직원에 묵시하고 한편으로 이.윤.권.최의 제의사 선봉을 삼아 동정북벌한 그 권위를 장(仗)하고, 김구는 일심으로 임무를 다하여 홀로 선열을 위로하고 책임을 다하고자 노력 중이다.(중략)[166]

임정의 가장 큰 업적은 카이로회담에서 한국의 독립을 확인받은 것이다. 물론 즉각적인 것이 아니라 적당한 시기에 또는 절차를 거쳐서라는 단서가 붙기는 했지만 말이다. 'in due course' 1943년 12월 1일 발표.

이러한 성과의 과정은 1942년부터 전해진 '한반도 국제 공동관리'의 국제적 뉴스에 임시정부가 대책회의를 열고, 성명서와 반대운동을 벌이면서 1943년 7월 26일 임정 요인들이 장개석을 만나 독립을 요청한 것이 결정적 역할을 하였다. 중국 측 기록인 '장개석 일기', '총재접견한국영수담화기요', 카이로회의일지' 등에 그 내용이 자세히 남아 있다.

주석 김구, 외무부장 조소앙, 선전부장 김규식, 광복군 총사령 지청천, 부사령 김원봉 등 5인은 장개석을 면담하여 국제 공동관리를 반대하고 독립지지를 부탁하였다. '영국과 미국은 조선의 장래 지위에 대해 국제 공동관리 방식을 채용하자고 주장하고 있다. 바

---

166 김삼웅, 위의 책, 346쪽

라건대 중국은 이에 현혹되지 말고 한국의 독립주장을 지지하고 관철하여 주시기 바랍니다.'[167]

한편, 미국 대통령 루스벨트를 움직인 것은 집요하게 임시정부의 승인을 요구하고, 기독교 목사 등을 통해 한국 독립의 당위성을 알린 이승만의 노력도 크다고 할 수 있다. 1943년 5월 15일 이승만은 장문의 편지를 루스벨트에게 보냈고, 교계 중진인 한미협회의 해리슨 목사는 1942년 3월 6일 협회 이사들과 연명으로 임시정부의 즉각 승인을 건의하는 진정서를 루스벨트에게 제출했다.

'현재의 대일(對日) 전쟁에 박차를 가하고 나아가 태평양 지역에서의 평화를 정착시키기 위해 저는(이승만) 각하에게 간청하오니 대한민국 임시정부를 당장 승인하고 우리의 공동의 적인 일본과의 싸움에 한국인이 자기의 몫을 감당함으로써 미국에 실질적인 이바지를 할 수 있게끔 원조와 격려를 아낌없이 베풀어 주시기를 간청하는 바입니다.'[168]

---

167 한시준, 『대한민국 임시정부』, 2021, 198~206쪽
168 유영익, 『이승만의 생애와 건국비전』, 2019, 187~190쪽

ǀ 아쉬운 퇴장

김구는 1949년 1월 28일 UN한국위원단에 남한 단독정부 반대와 미소 양군 즉시 철퇴를 요지로 하는 의견서를 보냈다.

'남북한인지도자회의를 소집함을 요구한다. 한국문제는 결국 한인이 해결할 것이다. 만일 한인 자체가 한국문제 해결에 관하여 공통되는 안을 작성하지 못한다면 유엔의 협조도 도로무공(徒勞無功)할 것이다… 그러므로 우리는 미소 양군이 철퇴하는 대로 즉시 평화로운 국면을 조성하고, 그 평화로운 국면 위에 남북 지도자회의를 소집하여서, 조국의 완전 독립과 민족의 영원 해방의 목적을 관철하기 위하여 공동노력 할 수 있는 방안을 작성하자는 것이다.'[169]

불과 한 달 전인 1947년 12월 3일의 담화에서도 남한 단독선거에 찬성했던 김구가 갑자기 돌변하여 이런 의견서를 제출하자, 김구가 부총재로 있던 독촉국민회에서는 믿어지지 않는다면서 다음과 같은 담화를 발표했다.

'미소 양군을 철퇴시키고 남북요인회담으로 한국문제를 해결하려는 것은 한국 독립을 지연시키려는 공산당의 주장이므로, 우리 국민회 부총재이고 소련이 거부하면 남한총선거로 공동 진취하려는 이념 아래에 국민의회와 민족대표자대회 합동을 선창한 김구 선생이 그러한 주장을 하였으리라고는 믿어지지 않는다. 그래서 대표를 김구 선생에게 보내어 진상을 물어보기로 되었는데, 하여튼 공산당의 모략이란 실로 새삼스럽게 생각된다. 그리고 남북요인회담 운운하는 것은 도대체 문제가 되지 않는 것이니, 유엔위원단은 총선거

---

169 손세일, 『이승만과 김구』 7권, 134쪽

를 감시하는 순서로부터 유엔의 결의를 실천할 것이다. 유엔 결의에 없는 사실을 요구함은 위원단을 철거하라는 것과 마찬가지로 예의도 되지 않는다.'[170]

스스로 2인자를 자처하며 이승만과 협조하여 임정의 법통을 이어가려던 김구의 지난 행적에 대한 적절한 논평이었다. 김구가 강경한 반공 민족주의자라는 것은 의심할 수 없는 사실이었기 때문이다.

오늘날로 보아도 일부 청년들이 제정신을 잃고 러시아로 조국을 삼고 레닌을 국부로 삼아서, 어제까지 민족을 두 번 피 흘릴 운동이니 대번에 사회주의 혁명을 한다고 떠들던 자들이 레닌의 말 한마디에 돌연히 민족혁명이야말로 그들의 진면목인 것처럼 들고나오지 않는가. 주자님의 방귀까지 향기롭게 여기던 부유(썩은 선비)들 모양으로 레닌의 똥까지 달라고 하는 청년들을 보게 되니 한심한 일이다. 나는 반드시 주자를 옳다고도 아니하고 마르크스를 그르다고도 아니한다. 내가 청년 제군에게 바라는 것은 자기를 잊지 말란 말이다. 우리의 역사적 이상, 우리의 민족성, 우리의 환경에 맞는 나라를 생각하라는 것이다. 밤낮 저를 잃고 남만 높여서 남의 발뒤꿈치를 따르는 것으로 장한 체를 말라는 것이다. 제 뇌로 제정신으로 생각하란 말이다. 『백범일지』

그렇다면 김구는 왜 갑자기 이승만과 민족진영을 외면하고 태도를 바꾸었을까? 여기에 대해서는 그 당시 백범이 처한 심각한 정치적 위기를 통해 설명하는 것이 적절할 것이다.

1948년 초의 시점에서 김구의 주변에는 엄항섭과 조완구 등 소

---

170 손세일, 위의 책, 135쪽

수의 사람들만이 함께 하고 있었고 조소앙, 신익희, 안재홍, 이범석, 지청천 등의 주요 인물들은 각자의 정치노선을 걷고 있었기 때문에 그의 통제력은 많이 감소해 있었으며, 결정적으로 1947년 12월 2일 벌어진 장덕수 암살사건에 김구와 임정세력이 배후로 지목되면서 여론이 매우 악화하였다. 실제로 연희대학 3년생 배희범과 함께 체포된 청년들은 임시정부를 절대 지지하는 '대한학생총연맹' 간부 또는 맹원들이었다.[171]

한민당의 강한 거부반응에 더하여 이승만도 재판에 증인으로까지 출석하게된 김구를 도와주지 않았고, 새로운 나라의 2인자 자리가 멀어진 그는 몇 가지 정치적 선택 가운데 지금에 와서 평가하면 최악의 악수인 평양행을 선택한 것이라고 하겠다.[172]

우파에서는 이승만이 없었다면 대한민국이 없었을 것이라고 주장하지만, 강경한 반공민족주의자요 자유민주주의자였던 김구라는 큰 민족 지도자가 그 대체재로서는 충분히 역할을 하였을 것이기 때문에, 여러모로 해방공간의 2인자 김구는 불운한 정치인이 되고 말았다.

평양의 남북연석회의에 아버지 김구를 수행한 김신의 회고록에는 백범 김구의 어두운 운명을 미리 보여주는 듯한 광경이 벌어졌다.

'개회식은 김일성에 대한 과도한 찬양이 주를 이루었다. 공연단은 우리가 낯뜨거워 차마 보기 힘들 정도로 김일성을 찬양하는 시를

---

171 손세일, 『이승만과 김구』 7권, 95쪽
172 정병준, 『우남 이승만 연구』, 690쪽

낭독하고 노래를 불렀다. 그리고 여러 독립운동 선배들 앞에서 창피하지도 않은지 김일성을 영웅시하는 연설까지 하였다. 나는 속으로 '아니 무슨 이 따위 개회식이 다 있나' 생각했다.'[173]

---

173 김신, 『조국의 하늘을 날다』, 2013, 127쪽

제3장 ● 외유내강의 민족주의자 인촌 김성수

식민지 조선에서 일제가 가장 싫어하는 민족교육, 민족언론, 민족기업에 헌신적으로 기여한 인촌 김성수에 대한 독립유공자 서훈이 2018년 2월 국무회의를 거쳐 취소되었다. 해방 직후인 1949년 반민특위에서는 전혀 거론조차 되지 않았고, 당대의 사람들에게 고결한 민족지도자로 추앙 받았던 인물에 대한 친일몰이가 너무 심한 것이 아닌가.

당대의 많은 대지주의 자제들이 향락에 빠져 있을 때, 민족의 실력을 키워야만 다시 광명을 얻을 수 있다는 신념으로 양부와 생부에게 눈물과 단식으로 호소하여 사업을 일구고, 총독부 관리들에게 조롱과 협박을 수십년간 받은 성자같은 분에게 말이다.

그에게 합당한 평가는 대통령이 되기까지 정치적으로 가장 많은 도움을 주었으며, 초대내각 구성과 부산정치파동으로 심한 대립을 겪은 이승만 대통령의 인촌에 대한 조사(弔辭)가 될 것으로 보인다.

이 몇 가지만 가지고 보아도 그 분이 애국적인 성심과 앞길을 보

는 정견으로 자기가 옳다고 생각하는 바는 개인의 득실과 이해를
헤아리지 않고 지켜서 싸워 온 분임으로 우리나라 모든 지도계급
여러 사람 중의 특출한 인물이었으며 애국지사 중에 유일한 자리를
점령하였던 것이다.

김공이 나를 절대로 지지하자고 한 것도 사사로운 친분이나 이해
관계를 조금도 생각한 것이 없고 내 입장이 애국주의에서 나온 것
을 깊이 깨달아 앞길이 어떻게 될 것이라는 것을 알고 그와 같이 행
하여 온 것이므로 그의 애국심을 추앙하여 마지않는 것이다.

김공은 우리나라의 큰 교육자였으며 애국지사였음을 우리사람들
은 영구히 기념할 것이며 또한 그는 지금 소위 사람들이 말하는 정
치가라고 불리우기는 합당치 않는 사람이었으니 그도 이것을 싫어
하여서 정당(政黨) 방면으로 나서기를 대단히 싫어했던 것이다.[174]

| 민족자본을 위해 헌신하다

인촌 본인이 가장 열정을 가지고 추진한 민족사업은 바로 교육이
었다. 전북 고창군 부안면 인촌리의 명문가요 대지주였던 김경중의
4남으로 태어나, '영신학교'를 세운 양부 김기중과 『조선사』 17권
을 저술한 생부 김경중의 영향을 받아 일찍부터 학문과 교육에 대
한 관심이 많았다.

1911년 일본 와세다대학 정경학부에 입학해서는 도쿄의 놀랍도
록 발전한 모습에 놀랐고, 근대화를 위해서는 와세다대학 설립자
오쿠마 시게노부와 게이오대학 설립자인 후쿠자와 유키치의 교육

---

174 백완기, 『인촌 김성수의 삶』, 2012, 240쪽

정신을 본받아 조국의 자주독립을 위해서는 반드시 조선의 우수한 교육이 우선되어야 한다는 것을 깨달았다.

이에 그는 후일의 도움을 위하여 와세다대학 창립 30주년 행사에 양부와 생부를 초청하여, 일본의 발전한 산업시설과 관청, 학교 등을 둘러보게하여 교육의 중요성을 자연스럽게 그들에게 알렸다. 그 결과로 민족사학으로 설립된 중앙학교를 인촌이 인수할 때에, 양부에게 간청하여 3천 두락의 토지를 내놓게 설득하였고 생부에게는 단식까지 하며 자금을 구했다. 감격한 인촌은 양부 앞에서 손을 짚고 울었다고 한다.

그러나, 총독부 학무국은 인촌에게 여러 수모를 주며 중앙학교 인수를 허가하지 않았다. 그런 와중에 와세다대학 나가이교수와 단나카교수가 서울에 온 기회를 이용하여 그들의 도움으로 마침내 허가를 받아냈다. 민족자본 육성자 인촌 김성수가 처음 태어나는 순간이었다.

한편, 중앙학교는 3·1운동에서도 물심 양면으로 빼놓을 수 없는 활약을 하였는데, 학교 숙직실에서 김성수, 송진우, 현상윤, 최남선 등이 회합하여 독립선언서를 기획하고 민족지도자들을 접촉하였던 것이다. 인촌은 기독교 원로요 오산학교 설립자인 남강 이승훈을 기당 현상윤에게 가담시키도록 접촉케 하였으며, 활동자금 수천원을 내어놓았다.[175]

인재를 중시한 그는 일본유학 시절을 비롯하여 교육비지원을 아끼지않아 1천명이 넘는 학생들을 후원하였고, 임시정부와 김좌진

---

175 백완기, 위의 책, 56~61쪽

장군에게도 여러 차례 거액을 전달하였다. 계급문학가 팔봉 김기진은, 좌우를 막론하고 민족운동과 독립운동하는 사람 중에 그에게 돈을 받아가지 않은 사람이 없을 것이라고 회고했다.[176]

민족언론인 「동아일보」의 창간에 있어서는, 인촌 특유의 신중한 자세가 특징으로 여러 차례의 권유에도 주저하다가 「황성신문」의 설립동인이자 중앙학교 전 교장인 유근의 '근대화 사업에 교육사업도 중요하지만 언론사업도 못지않게 중요하다'는 강력한 설득으로 설립에 참여하게 되었다.

주간 장덕수는 1920년 4월 1일 「동아일보」 창간호에서 '주지를 선명하노라'를 통해 설립의 3대 취지를 밝혔다.

1). 조선민중의 표현기관으로 자임

조선민중 전체인 2천만의 표현기관으로서 그들의 의사와 이상과 기도와 운동을 사실대로 표현하고 보도하기를 선언한다.

2). 민주주의를 지지함

여기서 주장하는 민주주의는 국체나 정체의 형식적 표준이 아니라 인류 생활의 원리와 정신을 이야기한다. 강권이나 폭력을 배척하고 인격에 고유한 권리 의무를 제창한다.

3). 문화주의의 제창

문화주의는 개인 및 사회의 생활내용을 풍요롭게 하는 것이다. 이를 위해서는 부의 증진, 정치의 완성, 도덕의 순수와 종교의 풍성을 도모하고 과학과 철학 및 예술의 발달에 노력할 것이 요구된다.

---

176 백완기, 위의 책, 164~166쪽

이러한 취지와 걸맞게 「동아일보」의 활동은 눈부신 것이었다. 민립대학 설립운동, 물산장려운동, 한글철자통일안 제정 및 보급, 계몽 및 문맹퇴치 운동(브나로드 운동), 충무공 이순신 유적보전운동 등등으로 조선민족의 구심점이 되는 '형태 없는 정부'의 역할을 수행하였다.

민족의식과 독립정신을 고취시키는 논조는 불가피하게 수백번의 압수와 4차례의 무기정간을 당하도록 하였고, 결국 1940년 8월 10일 총독부에 의해 강제폐간되고 말았다.

한편, 동아일보의 부사장과 주필을 겸했던 설산 장덕수는 웅변(전일본웅변대회 1위)과 담대함에서 몽양 여운형과 어깨를 나란히 한 기린아였다. 1919년에는 몽양과 함께 일본 동경에서 일본각료들과 담판을 벌여 기개를 펼치기도 하였다.

설산은 창간사와 명문장으로 일제를 압박하였고, 1940년대 태평양전쟁의 광풍 속에서 '수석생도감'이라는 십자가를 지고 인촌을 대신하여 서글픈 친일연설을 하였다.[177] 아, 청산의 고고한 학은 진흙땅에 발을 더럽혀야 피안에 도달하는 고단한 보살들에게 돌을 던지지 말지어다!

장덕수는 해방정국에서 고집불통의 두 지도자 김구와 이승만을 결합하는 '조선의 소진' 역할을 담당하다가, 1947년 12월 2일 흉탄에 쓰러졌다.[178] 삼형제인 덕준, 덕수, 덕진이 모두 만주와 상해,

---

177 매우 가난하여 일본인의 도움으로 일본유학을 하였던 장덕수를 후원한 김성수는, 미국과 영국에서의 십여년 유학비를 지원하였고 경성에 있던 장덕수의 모친을 봉양하였다.
178 한독당과 한민당은 두 차례 합당을 시도하였는데, 실패의 원인을 정치부장이었던 장덕수라고 판단한 임

서울에서 독립운동과 건국운동에 관계하다 총탄에 희생되었으니, 고금에 드문 슬픈 가족사이다.

인촌의 또다른 민족자본 사업으로서, 국가 경제력의 근원을 제조업으로 보고 '경성방직'을 설립한 것이 있다. 막대한 자금수요와 일본제품과의 경쟁력 부족 등의 악조건 하에서 일제의 온갖 핑계로 인한 설립허가 불허에도 강인한 의지로 설립에 성공하였다.

주익종은 경성방직의 성공비결을 다음의 다섯 가지로 설명하였다.

첫째, 출발부터 민족기업으로서의 확고한 의지를 가지고 있었다. 설립 초기의 금융사고(삼품사건)로 납입자본금 절반의 손실을 보았지만, 김성수는 사업을 그만두자는 임원들을 설득하고 부모를 설득해서 눈물겹게 자금을 구했다.

둘째, 회사를 탄탄한 재무제표를 기초로 해서 운영하였다. 물론 김씨가의 재력이 뒷받침된 결과였다.

셋째, 선진기술을 제대로 배우고 익혔다. 고등공업학교 출신들을 일본에 파견해서 기술교육을 받게 했다.

넷째, 경영진은 한국 최고 엘리트들로 구성되어 잠재적 자질을 갖추고 있었고, 실천력과 책임의식으로 무장되어 있었다.

다섯째, 총독부에 대한 교섭능력과, 대중에게 민족주의 감정을 실은 호소력과 선전능력을 지니고 있었다.(경성방직의 태극성 상표)[179]

시정부진영의 과격파들이 행동한 것으로 보인다. 이경남, 『설산 장덕수』 참조, 1982

179 백완기, 위의 책, 98쪽

▎대인 잡는 소인배

21세기 대한민국에서 최고 권력기관의 온갖 행패와 협박을 견디며, 자금마련을위해 부모에게 눈물로 간청하여 민족사업을 하는 갑부가 진정 있는가.

천성이 먼저 나서지 않고, 말주변도 뛰어나지 않았던 인촌은 묵묵히 뒷자리에 있으면서 필요한 자리에 필요한 사람을 앉혀 오로지 공선사후(公先私後)의 인생을 살았다. 자신의 주사업이었던 중앙학교와 보성전문학교(현 고려대학교)의 교사신축에는 일제와 서양 건축에 버금가는 건물을 위해 자금을 아끼지 않았고 스스로 노동의 힘을 보탰다.

이렇게 인촌이 육성한 민족교육기관, 민족언론, 민족기업에서 배출된 수많은 우수인재들이 조국의 광복과 함께 대한민국 건국과 발전에 크게 기여하였다.

임시정부의 인사들은 한민당을 친일과 부일 단체라며 여러 차례 모욕하였는데, 신익희도 김성수에게 '일제 하에서 사업을 하려면 친일을 어떻게 하지 않을 수 있냐'며 모욕해도 그는 묵묵히 침묵을 지키는 대인의 풍모를 보였다. 후일 신익희는 이 일을 크게 후회하고 포용적인 자세를 가지게 되었고, 이승만독재에 반대하여 인촌과 힘을 합쳤다.[180]

식민지 시대를 살아온 당대인들의 친일파들에 대한 분류는 반민특위에서 1차 자료로 사용할만큼 높은 평가를 받은 1948년에 출간된 『민족정경문화연구소 친일파 군상』이 좋은 참고가 된다.

---

180 김원, 『젊은 대한민국사:건국』, 2015, 230~236쪽

이 책에서는 '독자 중 혹은 기계적 속단으로 누구는 본집에 그 이름이 등재되었고, 어느 때 어떤 담화를 발표하였고, 어떤 강연회의 연사가 되었고, 어떤 친일적, 전쟁협력적 단체의 간부로 그 이름이 발표되었으니. 그이는 친일파, 전쟁협력자에 틀림없다는 경홀한 단정'을 경고하고, 친일파를 1) 자진적으로 나서서 성심으로 활동한 자, 2) 피동적으로 끌려서 활동하는체 한 자로 분류하였다.

김성수, 유억겸 등은 2)의 갑 즉, 경찰의 박해를 면하고 신변의 안전 또는 지위, 사업 등의 유지를 위하여 부득이 끌려다닌 자로, 장덕수와 신흥우 등은 2)의 을 즉, 본래 미국과 영국에는 호의를 가졌으나 일본에 호감을 가지지 아니하였고, 혹은 친미 배일사상의 소지자이었으나 위협에 공포를 느끼고 직업을 유지하기 위하여 과도의 친일적 태도와 망종적 협력을 한 자로 분류하였다.

본집에 등재될 인물 중에는 진정 협력자도 많지만은 위협과 강요에 부득이하여 협력적 행동을 하게 된 자, 또는 형식적으로 협력하는체 한 자 절대다수라 아니할 수 없다. 다시 말하면 자신의 공리 또는 조선민족의 이익이 된다는 생각 하에서 자진 성심 협력한 자도 상당히 수다하지마는 그 당시의 배일적 사상가, 종교가, 교육가 등 중에는 관헌과 그 주구배의 강요, 위협 등에 부득이 협력적 태도를 보인 자, 혹은 전향 성명을 하게된 자 불소(不少)하였던 것이니 이러한 부류의 인물들에 대하여는 그 환경과 처지에 도리어 동정할 점이 있는 것이다.

(중략) 그뿐 아니다. 전시에 미.영을 적이라 악선전하던 자(물론 그들의 대다수가 구미 유학자로서 정신적으로 친미영은 할지라도 원래 친일파가 아닌 것과, 그들의 한 말이 본의에서 나온 것은 아니었을 것이나) 금일 미군에 아부만을 하는 자도 불소함은 일대 모순의 감이 없

지 아니하며, 또 일시 좌익정당에서는 우익 정당에 친일파 반민자가 많은 것같이 선전하여 왔고, 우익정당에서는 도리어 좌익에 많음을 말하고 있음은 실로 이 문제가 정당의 선전자료화하고 있는 것이 아닌가 하는 감이 있다. 그러나 이 반민자 문제는 민족적인 양심으로 논의되어야할 지상명제가 아닐 수 없다.

김학민.정운현 엮음, 『친일파 죄상기』, '친일파군상', 347쪽

인촌의 친일행위로 총독부 기관지인 「매일신보」에 그의 이름으로 게재된 글이 대표적으로 거론되고 있는데, 앞의 글에서 소개한 조만식의 경우처럼 이름을 빌린 대필이 빈번히 일어나고 있어서 김성수의 경우에도 그러한 정황이 남아 있다.[181]

실제로는 「매일신보」기자였던 김병규가 글을 쓰고 유진오가 최종 검토했다는 것이다. 신문이 발행된 후, 문체가 인촌의 것과는 너무나 달랐기에 그의 지인들은 모두 본인의 글은 아니라고 판단했다.[182]

또한, 강제 동원된 노동자들은 억울한 희생자로 강조하면서도, 강제 동원된 연설가들은 친일 부역자로 비난하는 것은 부당한 평가일 것이다.

중앙학교에서 인촌을 직접 지켜보고 경험한 백세의 철학자 김형석 선생은 그를 이렇게 평가했다.

'지금의 나이가 되면서 다시 한번 과거를 돌이켜 본다. 내가 나를 위해서 한 일은 사라져 버린다. 더불어 산 데는 행복이 있었다. 그러나 민족과 국가를 위한 마음과 정성은 버림받지 않는다. 인촌은

---

181 조봉암의 경우에도 그의 승낙없이 이름을 도용한 흔적이 남아있다.
182 김학주, '민족 선각자 인촌 김성수 선생 이해하기', 2020,『인촌 김성수』, 214쪽

나에게 더불어 삶의 지혜와 인생의 궁극적인 가치를 일깨워 준 분 중의 한사람이다.'[183]

---

[183] 김형석, '나라와 민족의 큰 어른', 『인촌 김성수』, 24쪽

제4장 ● 자유의 투사 이승만

대한민국의 역사에서 이승만은 가장 신화적인 인물이다. 한 인물의 생애에서 수십년의 간격을 두고, 대통령에 두 번 임명되고 동시에 두 번 모두 불명예 퇴진한 기록은 세계에서 유례가 없는 일이다.

그런 스토리에 걸맞게 그에 대한 평가는 극과 극을 달린다. 공산주의와 싸워 기적적으로 나라를 구한 건국 대통령, 권력욕의 화신으로 민족을 분단시킨 독재자 등등…

어쩌면 그의 투사적인 성향이 그 모든 영광과 오명을 가져왔을 수도 있다. 이승만의 일생은 목숨을 건 싸움의 연속이었다. 대한제국 고종황제와의 싸움, 일본제국과의 싸움, 임시정부 반대파와의 싸움, 하와이 반대파와의 싸움, 미군정과의 싸움, 공산제국주의와의 싸움… 이 모든 싸움에서 물러서지 않고 이겨냈던 그이지만 마침내 끝이 왔다. 대한민국 국민들과의 싸움에서는 많은 피를 흘린 시민들의 민주주의 열망에 굴복하면서, 이후 산업화 세력과 민주화 세력에게 격하되어 최고의 민족 지도자라는 칭호도 2인자 김구에게 빼앗기고 말았다.

1945년 10월 17일, 33년만에 고국에 돌아온 노(老)정객은 기자회견에서 앞으로 벌어질 싸움을 예고하며 빙그레 웃었다. "나도 해외에서 상당히 싸움을 해온 싸움꾼이니까 건국을 위하여, 대한 동포의 살길을 위함이라면 당당히 싸우겠소", "나는 그러한 알몸뚱이로 국제문제 같은 데 나서고자 한다. 나는 지금까지 미국의 외무성과 싸워 온 사람이다"[184]

| 독립과 건국의 영웅

미국과의 관계를 제외하고 이승만의 신화를 이야기할 수는 없다. 그가 대한민국 임시정부에서 연장자들을 물리치고 국무총리(임시대통령)에 선임된 것은, 그의 국내투쟁에 따른 투옥경력 보다는 일본에 대항할 수 있는 강대국 미국의 힘을 기대했기 때문이다.

그는 최초의 한국인 국제정치학 미국 대학 박사였으며, 루스벨트 대통령을 직접 만나 조선의 독립을 청원하였고, 윌슨 대통령과의 사제지간이라는 친분을 가져 3·1운동 이전에도 높은 명성을 가지고 있었다.

하지만, 국제정치의 냉정한 현실은 젊은 대통령의 날개를 꺾었다. 1921년 11월에 미국에서 개최된 '워싱턴군축회의(일명, 태평양회의)'에 서재필, 정한경 등의 한인들과 구미위원회의 돌프, 토머스 등

184 손세일, 『이승만과 김구』 6권, 2015, 187~188쪽

을 동원하여 영문 자료들을 배포하였으나 참석국의 대표들은 한국 대표단에게 참석권이나 발언권을 주지 않았다. 주요 참가국인 일본의 눈치를 볼 수 밖에 없었기 때문이다. 그리고 워싱턴에서의 실패가 결국 이승만의 첫 번째 대통령 탄핵의 결정적 원인이 되었다.

투사(鬪士) 이승만 답게 그는 '한미협회', '기독교인친한회', '구미위원부' 등을 통하여 지속적으로 미국 정부에 임시정부의 승인과 한국 독립 지원을 요청하였고, 1882년의 조미조약을 지키지 않은 미국을 나무라며 미국을 압박했다. 미국 관리들에게 이승만은 골치 아픈 늙은 독립운동가였다. 다음은 카이로회담 6개월 전에 루스벨트 대통령에게 보낸 이승만의 친서이다.

...저는 지금이야말로 미국이 지난 38년 동안 한국민과 한국에 대해서 저지른 잘못과 부정(不正)을 시정할 때라는 사실에 대하여 각하의 주의를 환기시키고자 합니다. 각하께서 잘 알고 계시는 바와 같이, 미국은 1882년에 체결된 조미조약을 위반하여 1905년에 일본이 한국을 점령하고 1910년에는 한국을 병탄하는 것을 묵인하였습니다. 각하께서 [최근에]행하신 공중 연설에서 언급하신 바와 같이, 그때부터 한국인은 전 세계의 피(被) 정복 민족들 가운데 누구보다 더 심하고 그리고 더 오랫동안 고통을 겪어왔습니다. 대한제국의 파괴는 일본의 [전 세계]정복 계획의 시작에 불과하였습니다. [그 후] 도쿄의 군국주의자들 손에 하나하나 먹혀 들어간 나라들은 여기서 다시 열거할 필요도 없습니다.

1941년 12월 7일 후 섬나라 민족인 일본의 폭력으로부터 문명과 민주주의를 수호하기 위하여 얼마나 많은 피를 흘렸고, 얼마나 많은 금전이 허비되었습니까? 이 모든 것은 서양의 정치가들이 독립된 한국이 동양 평화의 보루로서 얼마나 중요한지를 인식하지 못한 데 기인한 것입니다. 서양의 정치가들은 수 세기에 걸쳐 일본의 침략을 여러 차례 격파한 것이 한국인이었다는 사실을 간과했습니다. 그들은 한국이 독립·부강한 나라가 될 수 있도록 도와주는 대신에 제국주의적인 일본을 옹호하여 세계 평화를 위협하는 폭압적인 국가로 육성하는 데 물심양면의 지원을 아끼지 않았습니다.(중략)[185]

이승만의 막강한 정치적 힘과 명성의 큰 동력은 그의 언론인, 저술 작가로서의 활발한 움직임이 바탕이 되었다. 해방공간에서 가망 없는 논쟁만 지리하게 계속되는 중에서도 그의 언론 플레이와 미 행정부에 대한 접촉과 로비는 활발하게 이루어졌다. 1946년 10월 23일 뉴욕에서 개막된 유엔총회에는 한국문제가 상정되기를 희망하며, 대한여자국민당 당수 임영신을 파견하였는데 사업에 크게 성공한 그녀의 오빠 임일(LA거주)에게 지원받은 외교활동 비용은 38만 달러에 이르렀다.

이승만은 11월 10일과 16일 사이에 유엔총회 미국대표단의 일원인 엘리노어 루스벨트 여사, 벨기에 대표단장이며 총회 의장인 스파크, 중국 대표단장 웰링턴 구, 노르웨이 출신의 리 유엔사무총장, 필리핀 대표단장 로물로 장군, 중화민국의 장개석 총통, 뉴욕교구 스펠먼 추기경에게 다음과 같은 전보를 쳤다.

중대한 상황이 급속히 진전되고 있습니다. 수천의 적색 테러리스트들이 북한으로부터 침투하여 우리를 굴복시키려고 전국 각지에서 비

---

185 유영익, 『이승만의 생애와 건국비전』, 2019, 188쪽

인간적인 잔학행위와 방화를 자행하고 있습니다. 유엔회의가 한국의 단독정부를 승인하도록 요구해 주시기 바랍니다. 승인을 받으면 우리는 유엔과 직접 협상하는 입장에 놓이게 됩니다. 북한에서 오는 테러리스트들은 상황을 위험하게 만들고 있습니다. 중립적인 미국인들은 사태를 수습할 수 없습니다. 우리가 지금 승인된 독립정부를 갖지 못한다면 우리는 평화를 유지할 수 없고 남한을 보호할 수 없습니다.[186]

한편, 미 국무부가 완강히 이승만의 임시정부 승인 요구를 거부한 이유는 '신탁 통치의 창안자'로 알려진 랭던(William R.Langdon, 서울 주재 미국영사. 도쿄 미 대사관 근무 경력)이 1942년 2월 22일 국무부에 제출한 '한국 독립문제의 몇 가지 측면들'이라는 정책 건의서의 영향이 컸다. 그 주요한 내용은 다음과 같다.

1) 그들은 1937년에 걸친 일본의 식민통치 아래서 정치적으로 거세당하여 정치, 행정, 외교, 사법, 경찰, 재정, 금융, 교육, 통신, 해운 등 거의 모든 분야에서 배제되었기 때문에 국가를 운영할 경험을 쌓지 못했고,
2) 그들은 일본이 한국인의 군 복무를 허용하지 않고 무기 소유를 엄격히 금지한 상태에서 보호만을 받고 살아왔기 때문에 자위(self-defense)에 필요한 전문 지식과 의지를 갖고 있지 않으며,
3) 그들은 금융, 대기업, 기계제조업, 공학, 수출입 업무, 운송업 등에서 배제되어 근대적인 경제 제도와 운영에 대한 훈련을 받지 못한 상태에서 한국 경제가 일본에 통합.운영되어 왔기 때문에

---

186 손세일, 위의 책, 728~729쪽

일본과 분리될 경우 적지 않은 어려움과 고통스러운 과정을 겪게
될 것이라고 진단하였으며,

4) 특정 한인 단체를 임시정부로 승인해 달라는 요청을 받고 있지
만, 상황이 보다 확실해질 때까지는 피정복 민족들의 해방과 같
은 일반적 원칙에 대해서만 언급하고 그 이상의 어떤 언질도 주
어서는 안된다고 건의했다.

이러한 진단을 바탕으로 랭던은 한국은 일본이 패망한 후 '적어
도 한 세대 동안 열강의 보호와 지도 및 원조를 받아야만 근대 국가
의 지위로 나갈 수 있음이 명백하다'는 결론을 내렸다.[187]

식민지 조선을 경험한 직업 외교관의 지독히도 현실적이고 냉정
한 평가였다. 이렇게 망국과 식민지시대의 고난은 한국인들에게 해
방 후의 대혼란과 전쟁의 참화라는 비극을 예고하고 있었다.

| 빛바랜 신화

국가와 국민을 위한다는 이유로 민주주의와 인권을 무시하는 정
치적 행위는 어느 정도 한계까지 허용이 가능한 것일까.

이승만의 경우에는 제1차 부산정치파동에서는 전쟁 중의 위기상
황이었고, 미국과의 외교에 있어서 최고의 전문가라는 그의 판단은
상당 부분 옳은 것이었다. 그 결과도 능수능란한 미국과의 협상으
로 한미상호방위조약을 체결하여 국가안보를 확보하고, 향후 산업
화를 위한 국방비절감이라는 그의 최대 업적을 이루어 냈다.

제2차 사사오입 개헌에서는 국익을 위한다는 그의 주장이 사익

---

187 유영익, 위의 책, 171쪽

의 추구라는 도덕성의 추락으로 국민들에게 받아들여졌고, 그 결과도 1956년 선거에서 야당 후보 신익희의 사후 추모표 185만표와 장면의 부통령 당선으로 나타났다.

　무엇보다 당시로는 엄청난 고령인 80대 노(老)정치인의 생물학적 능력이 현저히 감소하여, 국정 통제력을 잃고 프란체스카 여사, 비서관들, 강경파 자유당의원들의 국정 농단을 단속하고 장악하지 못하게 된 것이다.

　많은 업적들인 의무교육 도입, 수백명의 해외 유학생 파견, 미국의 정책에 대항하여 수입 대체산업 육성, 원자력연구소 설치 등도 부정부패의 대명사가 된 '자유당 시대'라는 오명에 제대로 주목 받지 못하고 있는 것이 현실이다.

　노욕(老慾)이 분명했다. 1875년생으로 30년을 전제군주의 시대에 살았던 그는 봉건시대와 근대의 중간자로서 다른 한국인들과 마찬가지로 민주주의 시민의 자질이 부족했다. 국민들이 완벽하지 않은데, 정치지도자만 완벽할 수 있겠는가.

　양녕대군의 16대손으로서 왕손이라는 의식도 가지고 있었던 우남 이승만은 이기붕일가족의 자살, 4.19 사망자 186명과 부상자 1,500여명이라는 참극 끝에 불명예 하야라는 한국현대사의 아픈 기억중의 하나가 되어, 그 찬란한 신화도 함께 막을 내렸다.

제5장 ● 청년노동자의 인간선언 전태일

1970년 11월 13일 무명의 청년노동자 전태일의 죽음은 대한민국 사회에 큰 파장을 일으켰다. 6·25 전쟁 이후의 반공사상은 노동운동 자체를 금기시하게 만들었고, 지식인과 대학생들도 정치운동에만 치중하여 산업화의 과정에서 인권이 파괴되고 억압받던 노동자들의 목소리는 언론과 사회에 들리지 않는 시대였다.

1947년생으로 전태일 보다 한살 많은 조영래도 큰 충격을 받은 사람 중의 한명이었다. 대구를 같은 고향으로 가진 젊은 재단사가 목숨을 던져가며 전하려한 진실은 무엇이었을까. 그의 이러한 의문은 1974년 민청학련 사건으로 6년간 수배생활을 하면서, 어머니 이소선을 만나고 전태일이 남긴 글들을 연구하며 한권의 책으로 그 답을 얻게 된다.

전태일의 일대기는 군사독재시대에서는 출간이 불가하여, 1978년 일본판이 먼저 출간되었고 한국어판은 1983년 『어느 청년노동자의 삶과 죽음』이라는 이름으로, 『전태일평전』이라는 이름으로는

1991년에 초판이 출간되었다.

절친인 장기표의 말에 의하면, 조영래는 전태일의 분신 이후 많은 이들의 죽음이 잇따르자 많은 번민을 하였고 평전의 저자가 자신임이 알려지기를 매우 꺼려했다고 한다.

ㅣ어린 소녀노동자의 죽음

1970년대 청계천 피복업체들은 매우 열악한 근무환경으로 악명이 높았다. 어린 시다들에게 미싱사 언니는 이렇게 푸념했다. "… 평화시장의 여공생활 8년 만에 남은 것은 병과 노처녀 신세뿐이더라. 너만한 나이 때 어떤 수를 써서라도 일찌감치 평화시장을 빠져나가는 것이 현명한 일이야."[188]

사실이었다. 8평 정도의 방에 2층으로 칸을 나누어 환기시설이 전무한 환경에서 하루 14시간 이상 격무에 시달리는 이들은 거의 전부가 기관지염, 안질, 빈혈, 신경통, 위장병 등에 시달리고 있었던 것이다.

---

188 조영래, 『전태일평전』, 2020, 111쪽

근로기준법이 있다고는 하지만, 영세사업장의 특성상 시청과 노동청 근로감독관과 업주들은 서로간에 부정부패와 억압적인 노동정책으로 엮여있어 감독의 기능은 실종되어 있었으므로, 전태일은 법이 법이 아닌 무법천지에 절망하여 자기 한몸을 던져가게 되는 것이다.

4백여개 업체, 미싱사 4천명, 시다(12세에서 21세) 4천명, 재단사 3백명, 재단보조 460명 등이 근무하는 평화시장 피복제품상의 열악한 근무환경은 전태일의 노력으로 1970년 10월 7일 「경향신문」 석간에 실려 처음으로 세상에 알려지게 된다.

평화시장 내의 피복가공 공장은 4백여 개나 되는데, 이들 대부분의 작업장은 건평 2평 정도에 재봉틀 등 기계와 함께 15명씩을 한데 넣고 작업을 해 움직일 틈이 없을 정도로 작업장은 비좁다. 더구나 작업장은 1층을 아래위 둘로 나눠 천장의 높이가 겨우 1.6m 정도밖에 안돼 허리를 필 수 없을 정도인데, 이와 같이 좁고 낮은 방에 작업을 위해 너무 밝은 조명을 해 이들 대부분은 밝은 햇빛 아래서는 눈을 똑바로 뜰 수 없다고 노동청에 진정까지 해왔다.

이들에 의하면 이런 환경 속에 하루 13~16시간의 고된 근무를 하고 있으며 첫째, 셋째 일요일을 제외하고는 휴일에도 작업장에 나와 일을 하고, 여성들이 받을 수 있는 생리휴가 등 특별휴가는 생각조차 못할 형편이라는 것이다.

특히 13세 정도의 어린 소녀들이 대부분인 조수의 경우 이미 4~5년 전부터 받는 3천원의 월급을 그대로 받고 있다. 이밖에도 이들은 옷감에서 나는 먼지가 가득 찬 방안에서 하루 종일 일해 폐결핵, 신경성 위장병까지 앓고 있어 성장기에 있는 소녀들의 건강을 크게 위협하고 있는 실정이다.

 이처럼 근로조건이 나쁜 곳에서 일하는데도 감독관청인 노동청에서 매년 실시하는 건강진단은 대부분이 한 번도 받은 일이 없으며, 지난 69년 가을 건강진단이 나왔으나 공장 측은 1개 공장 종업원 2~3명씩만 진단을 받게 한 후 모두가 받은 것처럼 했다는 것이다.[189]

 어린 여공들에게 많은 연민을 가지고 있던 전태일에게, 조영래의 표현대로라면 '충격'적인 일이 어느 날 발생했다. 미싱사 처녀 한 명이 작업 중에 새빨간 피를 재봉틀 위에 쏟아낸 것이다. 그가 급히 병원에 데려가 보니 폐병 3기였고, 그 여공은 매정하게 해고당하고 말았다.

 그녀는 십중팔구 차가운 판잣집 방구석에 누워서 치료 한번 제대로 받지 못하고 죽어가거나, 살아도 폐인이 될 것이었다.[190]

 전태일은 슬픔과 분노에 사로잡혔다. 왜? 왜? 왜? 어린 소녀들이 악덕 기업주들의 탐욕에 희생되어야 하는가! 청소년들의 장시간 노동을 금지한 근로기준법은 왜 존재하는가!

 그는 임마누엘 수도원의 교회 신축공사가 있던 삼각산에서 인부 노릇을 하던 70년 8월 9일 이런 일기를 남긴다.

 '이 결단을 두고 얼마나 오랜 시간을 망설이고 괴로워했던가?
 지금 이 시각 완전에 가까운 결단을 내렸다.
 나는 돌아가야 한다.
 꼭 돌아가야 한다.

---

189 조영래, 위의 책, 295쪽
190 조영래, 위의 책, 154~155쪽

불쌍한 내 형제의 곁으로, 내 마음의 고향으로, 내 이상의 전부인 평화시장의 어린 동심 곁으로, 생을 두고 맹세한 내가, 그 많은 시간과 공상 속에서, 내가 돌보지 않으면 아니 될 나약한 생명체들.

나를 버리고, 나를 죽이고 가마, 조금만 참고 견디어라. 너희들의 곁을 떠나지 않기 위하여 나약한 나를 다 바치마. 너희들은 내 마음의 고향이로다…

오늘은 토요일. 8월 둘째 일요일. 내 마음에 결단을 내린 날, 무고한 생명체들이 시들고 있는 이때에 한 방울의 이슬이 되기 위하여 발버둥치오니 하나님, 긍휼과 자비를 베풀어 주시옵소서.'[191]

전태일의 남다른 문장력의 글에서 느낄 수 있듯이, 그는 소설 습작을 여러 개 남긴 문학청년이었다. 그의 일기와 편지에는 『젊은 베르테르의 슬픔』, 영국 시인 크리스티나 로제티, 김소월의 시 , 『부활』, 모파상 등이 등장한다.

전태일은 근로기준법을 준수하면서도 충분히 수익을 낼 수 있는 모범업체(태일피복)를 구상하고, 거액인 자본금 3천만원을 마련하기 위한 계획을 그의 노트에 소설형식으로 작성하기도 했다.[192]

또한, 전태일은 자신의 안구를 기증하여 그것이 세상에 알려지면, 투자할 독지가를 구할 수 있을 것이라고 생각하고, 관련 기사가 나온 「중앙일보」기자에게 실제로 편지를 보내기도 했다.

---

191 1966년 1월 18일 한밤중에 남산동 판자촌에 대형화재가 발생하여 어머니 이소선도 두 눈의 시력을 잃게 되었는데, 천막촌 개척교회에서 100일간 새벽기도를 들여 시력을 다시 회복하게되자 전태일 가족은 모두 독실한 기독교신자가 되었다고 한다. 안재성외 4명, 「아, 전태일」, 2020, 49~51쪽
192 안재성외 4명, 위의 책, 176~185쪽

먼저 피조물의 제한된 능력 안에서

두눈을 만드신 창조주이신 하나님께 감사하며

몇 년 전만 하더라도 후진국의 맨 밑바닥에서

중진국의 지도자적 위치에서 힘찬 전진을

계속하는 조국에 감사하면서.

저의 한눈을 김형님게 드리고 싶습니다.

제가 사랑하고 보고 즐거워하며 삶의 보람을 느끼는

발전해 가는 조국 건설의 웅장하고 믿음직한

여러 아름다운 실제들을 분리된 또 하나의 저인

김형에게도 보이고 싶습니다.

주사위계(필자 주, 중앙일보 칼럼) 선생님께서

이 일을 이루어지게 도와주십시오. (중략)[193]

ㅣ 겨울공화국을 무너뜨린 작은 불꽃

산업현장 노동자들의 고난은 2천년대인 현재에도 수 많은 비정규직 노동자들, 죽음으로 내몰리는 3D하청노동자들, 길을 잃은 청년 실업자, 보이지 않는 그늘의 여성노동자들에게 실존하는 문제이다.

2006년 고용노동부의 통계에 의하면 전체 산업의 재해사망자는 2,453명이었고, 그 중 3D업종인 건설업은 최고 수준인 631명이었다. 한 주에 평균 10명 이상이 사망한 것이다. 또한, 1970년대 청계천 피복공단의 경우처럼, 영세한 건설현장에서 대부분의 재해사망자가 발생하고 있다. (20억 미만 현장은 절반가량, 120억 미만 사업장은 70%가량)[194]

---

193 『전태일기념관』 전시자료, 2022년 9월
194 신영철, 『정의로운 건설을 말하다』, 2017, 51~56쪽

전태일은 이러한 노동자들도 생명을 지키고 행복할 권리가 있음을 선언한 최초의 고발자였던 것이다.

대학사회는 충격 속에 그가 죽은 지 사흘 후인, 1970년 11월 16일 서울대학교 법과대학에 학생 100여명이 모임을 갖고 '민권수호 학생연맹 준비위원회'를 발족하여 서울법대 학생장으로 장례식을 거행하겠다고 밝혔고, 11월 16일 오후 서울대 상과대학생 400여명이 집회를 열고 정부 정책에 대한 비판과 함께 무기한 단식투쟁에 돌입하였다.

이 시기부터 대학생과 노동자와의 '노학연대'가 시작되었으며, 대학생들의 산업현장 진출의 출발점이 되었다.

정치권에서도 1971년 대통령선거를 앞두고, 김대중후보와 박정희대통령이 근로기준법, 노동환경, 복지향상 등에 대한 공약을 들고 나올 수 밖에 없는 사회적 반향을 일으켰다.[195]

노동운동에서의 가장 큰 변화는 한국노총이라는 어용노조를 거부하는 민주노조가 등장하기 시작했다는 것이다. 민주노조란 노동통제에 순응하지 않고, 현장 노동자들의 불만이나 고충을 대변하기 위한 자주적인 조합 활동과 민주적인 조직운영을 보여 주었던 노동조합을 말한다.

1970년 11월 27일 조합원 560명이 가입한 청계피복노동조합을 필두로, 동일방직, 콘트롤데이터.반도상사(부평지부), YH무역, 방림방적, 원풍모방, 고려피혁, 한일공업, 롯데물산, 세진전자, 서통,

---

195 조영래, 위의 책, 347~352쪽

삼원섬유, 삼성제약, 인선사 등의 10여개 사업장에서 민주노조가 만들어졌다.

이들 민주노조는 많은 성과를 만들었는데, 청계피복노조의 경우 체불 임금.퇴직금.해고수당의 문제해결, 근로시간 단축, 시다 직불제, 시장구역별 단체협약체결, 노동교실 운영 등을 이뤄냈다.[196]

특히, 1975년에 결성된 YH무역노조는 1979년 8월 9일 부당폐업 저지를 위한 신민당사 농성을 통해 박정희정권 몰락의 도화선이 되었다.

여성 노동자 187명이 신민당사 4층에서 농성한지 이틀 뒤인 11일 새벽 2시경 경찰은 폭력적인 강경 진압작전에 나섰고, 그 과정에서 YH노동자 김경숙이 추락해 사망하는 사고가 터지고 말았다.

이 사건의 여파로 김영삼총재가 10월 4일 국회의원에서 제명되었고, 10월 16일 부산에서는 5만여명이 시위를 벌여 17개 공공기관 건물이 습격당했다. 중앙정보부장 김재규는 부산 시위현장을 방문하여, 연행자 160명 중에 학생은 16명에 불과하자 단순한 학원 시위가 아님을 알고 큰 충격을 받았고, 결국 그는 10월 26일 박대통령을 시해하고 만다.[197]

1970년 전태일의 작지만 거대한 불꽃이 겨울공화국을 태워버린 것이다. 시인 고은은 『만인보』에서 'YH김경숙'이란 시를 썼다.

'1970년 전태일이 죽었다/ 1979년 YH 김경숙(金京淑)이/ 마포 신

---

196 안재성외 4명, 위의 책, 128~130쪽
197 강준만, 『한국 현대사 산책』1970년대편 3권, 258쪽

민당사 4층 농성장에서 떨어져 죽었다/ 죽음으로 열고/ 죽음으로 닫혔다/ 김경숙의 무덤 뒤에 박정희의 무덤이 있다/ 가봐라'

제6장 • 민족중흥의 혁명가 박정희

　20세기는 제국주의와 혁명의 시대였다. 유럽의 열강들과 아시아의 일본제국은 식민지 확보에 국운을 건 전쟁을 마다하지 않았다. 그러한 국제정세에서 제국본토나 식민지 민중 모두 극심한 고통을 겪었고, 좌파와 우파의 혁명 또는 쿠데타가 수 없이 발생했다.

　톨스토이의 소설 『전쟁과 평화』의 모티브가 된 러시아 젊은 귀족 장교들의 반란, 즉 데카브리스트(12월당원)의 난은 그 신선함과 시베리아 유형지까지 따라간 귀족부인들의 낭만성으로 유명하지만 미숙함과 민중과의 교감 부족으로 실패했고, 청년 박정희에게 많은 영향을 주었다는 1936년 가난한 농촌 출신 일본 청년장교들의 2.26사건은 고위 관료 여러 명을 살해하는 과격함으로 일본 천황의 분노를 사서 결국 실패했다.

　세계사적인 관점에서 보면 청년 장교들이 주축이 된 5.16혁명은 소수의 부상자만 발생한(한강 다리 교전) 우파 쿠데타로서, 한 국가의 수준을 몇 단계 상승시킨 매우 성공적인 사례다. 한국인들의 악

습 중 하나인, 남의 성취를 깍아내리는 문화로 보더라도, 카오스적인 혼란과 절대 빈곤에서 중견 공업국으로 끌어올린 업적은 '훌륭한 국민'은 있었는데 '훌륭한 지도자'는 없었다는 허무한 비평이 공정하지 않게 느껴질 것이다.

물론, 10월 유신 이후 지나친 권력욕으로 각종 조작사건과 고문, 인권 유린, 월남파병 납치군인들 외면 등의 '군사독재'의 군사라는 폭압적 단어가 자연스럽게 풍기는 지독한 폭력의 냄새는 아직도 우리에게 피해자들의 명예회복과 치유에 정성을 다하게 만든다.

| 나폴레옹을 꿈꾼 소년

대통령시절까지 포함하여 박정희는 위인들의 전기물을 많이 읽었다. 학창시절에는 『이순신전』, 『나폴레옹 위인전』, 『삼국지』 등을 여러 번 반복해서 읽었다고 한다. 특히, 나폴레옹은 같은 식민지에서 태어난 환경적 동질성과 최고 권력에 오르는 과정이 그를 매료시켰다. '쿠데타'라는 용어가 나폴레옹에게서 기원하듯, 일본군대의 사열과 훈련을 보고 군인에 대한 동경을 키워나간 박정희에게 '쿠데타'는 그의 운명으로 장차 현실이 된다.

이광수의 『이순신전』과 일제 교과서의 조선정치의 당파성에 대한 비난은, 박정희에게 4.19 이후의 극심한 정쟁과 집권 이후 야당의 비난공세에 민주주의에 대한 부정적인 시각을 심어주는 시초가 된 것으로 보인다. 이순신은 무능한 왕과 시기심 많은 선비 정치인들의 모함으로 큰 고초를 겪었으니, 박정희도 망국의 소년으로 울분을 터트렸을 것이다.

민주주의에 관한 박정희의 언급들을 보면, 그것들은 언제나 절차가 아니라 실체적인 개념들로 이루어져 있다. 그에게 있어 민주주의란 민주주의 자체가 아니며, 그는 "인간의 자유와 평등과 행복을 조화롭게 달성하려는 민주주의의 이념"처럼 민주주의의 목표를 주로 논의한다. 즉 그에게 있어 민주주의란 "목표가 아니라 절차 또는 규칙"이라거나, "민주주의란 침범할 수 없는 대한민국의 운영 원리"란 개념이 존재하지 않았다. 그리하여 박정희는 만약 민주주의가 개인과 민족의 행복의 증진에 단기적으로 기여할 수 없다면, 민주주의를 "생활환경과 개성에 따라" 상당 기간 유보할 수도 있는, 선택 가능한 방법(제도) 중의 하나로 이해했을 뿐이다.

전인권, 『박정희 평전』, 331쪽

북한 김일성의 최대 라이벌인 박정희는 그의 남침전쟁으로 다시 부활했다. 남로당사건으로 군 장교가 아닌 군무원으로 근무하던 그는, 전쟁으로 정보장교로 복귀했으며 60만 대군으로 성장한 막강한 군 조직과 상하의 인맥을 이용하여 군사혁명에 성공하게 되는 것이다.

미국에서는 이승만 정권의 말기부터 서구의 민주주의가 한국에서는 아직 시기상조라고 여기고, 다른 후진국들에서 유행처럼 번지는 군사쿠데타가 일어날 것을 예측하고 있었다. 1959년 11월 1일 미국 상원 외교분과위원회에 제출된 대한(對韓) 정책에 대한 '콜론보고서'는 로버트 스칼라피노 등의 한국 전문가들이 한국을 직접 방문하여 작성한 것이었는데, 이 보고서는 1960년 1월부터 5월까지 「」에 게재되어 젊은 장교들을 자극하여 정치적으로 변모하게 만들었다.

한국에는 민주주의의 껍질만 남은 것도 기적이다. 한국에는 민주주의가 부적당한 것 같다. 차라리 인자한 전제정치가 타당할는지 모른다. 젊은, 교육을 받은 계급이 그들의 재능과 힘을 충분히 발휘할 곳을 찾지 못하여 지식 프롤레타리아로 발전해갈 상당한 위험성이 있다. 젊은 사람들은 희망을 잃고, 부자는 점점 부자가 되고 가난한 사람들은 점점 가난해지고, 또 양심이란 것을 지키는 사람은 전부 소외되거나 배척되고, 목적을 위해 수단 방법을 가리지 않는 자들만이 출세하는 사회이기 때문에, 불원 한국 사회는 심각한 상황이 벌어질 것이다..

가난한 국가의 유능한 자제가 일반 대학에 들어가는 수는 학자금 부족으로 인해 대단히 제한되어 있다. 그들에게 어떠한 고등교육의 기회가 있다면 그것은 보통 군부 학교를 통해서이다. 이리하여 하층 계급 출신의 유망한 청년 장교가 다수 생기며, 특권적 관리 정치가에 분노를 갖게 된다. 이것은 폭발할 우려도 있는 것이다. 넓은 의미에서 한국이 타국의 예를 따라 군사 지배가 정당을 대체하는 그런 사태가 있을 수 있다 하는 의문은 정당한 것이다. 이것은 있을 법한 일이지만 적어도 당분간은 그럴 가능성은 적다.[198]

상황이 이러했으니 군부 내에서 공공연히 쿠데타에 대한 이야기가 오고 갔고, 주동자인 박정희와 김종필에 대한 정보도 상부에 여러 차례 보고 되었다. 그 결과 김종필은 항명사태에 대한 책임으로 군복을 벗게 되었지만, 박정희는 장도영 육군참모총장 등의 도움으로 5.16까지 군에 남을 수 있었다.

대부분의 장교들이 박봉의 월급 때문에 부정부패에 빠져 있었지만, 박정희는 남다른 청렴함을 자랑하며 젊은 장교들의 리더로 자

---

198 강준만, 『한국 현대사 산책』1960년대편 1권, 106쪽

리잡았다. 5.16의 심야에 그를 체포하러 온 수십명의 헌병과 장교들에게 비장한 연설로 오히려 그들을 혁명에 동참시킨 것은 그의 결단력과 리더십을 잘 보여준다.

"여러분, 우리는 4.19 혁명 후 그래도 나라가 바로잡혀지기를 기다렸습니다. 그런데 이게 무슨 나라꼴입니까. 국무총리를 비롯해서 장관들이 호텔방을 잡고 돈 보따리가 오고가는 이권운동, 엽관(獵官) 운동에 여념이 없으니 이게 무슨 꼴입니까. 자유당 정권을 능가하는 부패와 무능으로 나라를 멸망의 구렁텅이로 밀어 넣고 있는 이 정권을 보다 못해 우리는 목숨을 걸고 궐기한 것입니다. 동지들도 이제부터 구국 혁명의 대열에 서서 각자 맡은 임무에 전력을 다해 주기 바랍니다."199)

사실 5.16혁명의 성공은 4.19로 거저 얻은 통치권력을 민주당이 제대로 행사하지 못하고, 구파와 신파간에 난투극과 분당까지 가는 극심한 정쟁이 빌미가 되었다. 윤보선대통령과 장면총리도 계파의 한계를 극복하는 정치력을 보여주지 못하는 미약한 지도력으로, 쿠데타가 발생하였는데도 미국의 눈치만 살피는 나약한 대처를 하여 목숨을 건 혁명세력에게 속절없이 권력을 넘겨주고 말았다.

1981년 비밀해제된 백악관 내 국가안보위원회에 보고된 「한국문제 종합보고서」에는 5.16혁명의 성공 요인을 '좌절하여 불만이 쌓여 가던 민족주의 의식, 젊은 세대의 불만, 국가적 목표의 상실, 국민들의 좌절감'으로 분석하고, 장면정부가 국가적 문제를 타개하

---

199   조갑제, 『박정희』4권, 78쪽

는 해결능력에 대한 신뢰를 국민들에게 주지못해 무너졌으며 이 젊은 에너지를 건설적인 방향으로 활용해야 한다고 건의했다. '이 힘을 통합하여 경제 개발과 사회 개혁으로 돌리도록 미국 정부가 지원과 지도를 아끼지 않아야 한다. 만약 그렇게 하지 못하면 한국인들은 계속해서 혁명적인 코스를 밟게 될 것이다. 그런 불안정한 정세가 지속되면 북한 공산당과 합작하는 결과를 초래할 수도 있다.'[200]

┃ 장기집권의 절대적 파국

2천년대인 지금도 세계 여러 국가의 장기집권자들은 초기의 참신함과 합리성을 상실하고, 수십년의 독재통치 끝에 국민들을 무시하고 불합리한 정책을 계속 채택하는 것을 우리들은 목격하고 있다.

연구자들은 그 원인으로서 정치시스템의 노후화와 함께, 절대권력자에게 오랜 세월 남성호르몬이 과다 분비되어 인간 자체의 화학적 변화가 일어났을 것이라고 주장한다. 최고의 우월적 지위를 계속 차지하다보니, 자신의 판단을 과신하고 오만하게 된다는 것이다.

박정희에게도 그런 현상이 최장수 비서실장(9년 3개월) 김정렴이 교체된 1979년에 극명하게 나타났다. 1976년 대통령에 당선된 미국의 지미 카터는 한국의 인권문제를 강하게 비판하며 주한미군 철수를 공약으로 내걸었는데, 1979년 6월 29일 방한한 카터와 박정희의 정상회담은 그야말로 최악의 자리가 되고 말았다.

사실 전(前) 중앙정보부장 김형욱이 1977년 6월 미국의회에서

---

200 조갑제, 『박정희』4권, 254쪽

박정권에 대한 폭로를 하기 시작하면서, 한국정부는 미국 언론, 의회와 수사기간의 동네북이 되어 있었다.

한국 공화당에 대한 걸프(대한석유공사와 합작한 회사)의 정치헌금, 박동선사건, 김대중 납치사건, 김형욱의 폭로, 통일교 문제, 재미교포에 대한 한국 정보기관의 협박, 정보부 간부들의 잇단 망명사건, 주한미군 철수문제, 한국의 인권문제에 대한 미국의 압박 등으로 한미관계는 매우 악화되었던 것이다.[201]

군사독재 말기의 증상이 계속 나타나는 가운데, 뛰어난 용인술을 자랑하던 박정희도 결국 노쇠화를 피하지 못했다. 김정렴비서실장과 육인수의원, 한병기의원 등이 추천한 차지철 경호실장이 (1974~1979년) 1978년부터 비공식 정보기관을 운영하며, 월권행위와 오만한 언행을 하는데도 박대통령이 그것을 제어하지 않은 것이다.

흥미롭게도 그를 추천한 사람들은, 경호실차장을 지냈고 국회의원을 하면서 정치학 박사학위를 취득한 독실한 기독교인으로서 차지철에게 높은 점수를 주었다는 것이다.[202] 결국, 장기집권에 따라 옥석을 가리는 눈이 흐려져, 충언은 거부하고 감언이설에 빠진 그 자신이 비참한 최후의 원인 제공자였다.

박정희가 영구집권을 하려고 했던 것 같지는 않다. 1978년 제9대 대통령 취임 이후 야당의 요구를 감안하여 전(前) 중앙정보부장 신직수에게 '유신헌법 개정안'을 극비리에 지시했고, 김정렴과 유혁인 정무수석비서관에게 두차례 '9대 대통령 임기만료 1년 전에

---

201 조갑제, 『박정희』12권, 125~127쪽
202 김정렴, 『아, 박정희』, 333~335쪽

물러나 총리에 임명된 김종필에게 권한대행을 맡기고, 대통령선거를 실시한다는 계획'을 밝혔기 때문이다.[203)

『국가와 혁명과 나』(1963년)에서 박정희는 연평균 경제원조 약 2억 8천만달러에도 불구하고 연평균 5천만달러의 적자, 연평균 2.2%의 인구증가(72만명)의 인구압력을 거론하며 자립경제는 기적 이외에는 바랄 수 없다는 암담한 심경을 말하며, 5.16 군사혁명의 민족국가 중흥이라는 목적에는 '민족의 산업혁명'이 그 핵심이라고 말했다. '먹여 놓고, 살려 놓고서야 정치가 있고, 사회가 보일 것이며, 문화에 대한 여유가 있을 것이기 때문이다.'[204)

좌절감과 열등감에 빠져 있던 한민족에게 '우리도 할 수 있다'는 자신감을 가지게 만든 박정희는 '민주주의는 경제가 고도화되면 자연히 도래한다'라고 믿었으며, 그 믿음은 그의 죽음과 이후의 민주화로 증명되었다. 다만, 국민들에게 전혀 희망을 제시하지 못한 유신통치의 암흑성으로, 자신이 키운 신군부의 철권통치와 5.18의 비극, 북한을 추종하는 종북사관의 탄생원인을 제공한 잘못은 비판받아야 마땅하다.

어쨌든, 그는 '자립경제'와 '자주국방'이라는 그의 통치철학을 높은 수준으로 달성했고, 그의 마지막 미션(misson)인 '평화통일'은 우리 후손들의 몫이다.

---

203 김정렴, 위의 책, 219~220쪽
204 박정희, '민족 중흥의 길', 『나라가 위급할때 어찌 목숨을 아끼리』, 342쪽

경제적으로는 이미 승부가 났으며, 우리는 이미 그들보다 10년 내지 15년 앞서 있다. 다만 군사적으로는 남북이 비슷한 상태에 있는 것이 사실이다. 그러나 만일 그들이 단독으로 무력 도발을 해 온다면 우리도 우리 단독의 힘으로 충분히 이를 격멸할 수는 있다. 그렇다고 우리는 전쟁에서 승리할 수 있다는 자신에 만족해서는 안 된다. 참다운 승리는 싸워서 이기는 데 있는 것이 아니라 싸우지 않고 이기는 데 있는 것이다. 따라서 우리는 북한 공산 집단이 전쟁을 해도 승산이 없다고 체념할 수 있을 정도로 우리의 힘을 더욱더 증강해 나가야 한다.

오늘날 우리는 평화와 자주와 민주의 민족 정신을 바탕으로 국력을 꾸준히 배양함으로써 우리가 원하는 조국 통일의 미래상에 한 걸음 한 걸음씩 접근해 나가고 있다. 한 마디로 우리에게 있어서 평화와 자주와 민주는 통일에 이르는 과정이면서 그 결과이며, 통일을 이룩하는 수단이면서 그 목적이라고 할 수 있는 것이다.

박정희, 『민족 중흥의 길』(78년) [205]

205 박정희, '민족 중흥의 길', 『나라가 위급할때 어찌 목숨을 아끼리』, 342쪽

제7장 ● 경제신화의 비밀 김재익

수어지교(水魚之交). 『삼국지』에서 유비와 제갈량의 관계를 비유하는 말로, 떼어 놓을 수 없는 매우 친밀한 관계를 말한다. 무에서 유를 창조한 한국 경제사에서도 1970년대 박정희와 오원철, 1980년대 전두환과 김재익이 그런 관계였다.

오원철은 일본의 사례를 들어 산업 고도화를 위해서는 '중화학공업 육성'이 필수적이라는 것을 박정희에게 명료한 브리핑으로 전달하여 1970년대 집중투자를 가능하게 하였고, 김재익은 지속적인 성장위주의 정책으로 발생한 과잉투자. 통화폭증. 높은 물가상승을 억제하는 '안정과 개방경제'로의 전환을 전두환에게 특유의 설득력으로 납득시켜 '중진국의 함정'에서 대한민국을 구해냈다.

지식인과 정치인들이 입으로만 외친 극일(克日)을 독재자와 그 참모들이 사실상 이루어냈다. 잘못된 정치는 비난 받아 마땅하지만, 그 공은 인정하는 것이 공정한 역사관이다.

전두환은 1986년 청와대에서 기술진흥 수상자들과의 만남에서 이렇게 발언했다.

"어떤 일본 사람한테 당신네가 어떻게 해서 미국을 추월했느냐고 물었더니 경제적인 측면이 아닌 정치적인 측면으로 설명을 한 적이 있어요. 그 사람 설명인즉, 일본 자민당이 31년을 집권하면서 수상만 바꾸었지 모든 정책, 예를 들어 과학 기술투자, 수출정책 등은 일관성있게 밀고 나왔기 때문이라는 거예요. 우리도 앞으로 10년 정도만 과학기술 분야를 이런 식으로 끌고 가면 1995, 1996년 경에는 일본을 충분히 앞설 수 있다고 나는 믿어요. 우리 국민이 훨씬 우수하거든요.

미국은 그동안 다섯 번의 정권 교체가 있었어요. 케네디가 3년반을 하고 존슨이 뒤를 이었지만 같은 민주당이면서도 그는 케네디의 정책을 그대로 따르지 않았어요. 일본 자민당은 수상이 아무리 바뀌어도 일관성있게 밀고 간다는 거지. 일본은 정치적인 측면에서 미국을 이긴 것이라고 해요."[206]

| 기득권과의 싸움, 설득의 예술

1970년대 경제개발의 주역 중의 한명인 남덕우총리는 1968년 미국 스탠퍼드대학에 교환교수로 가서 김재익과 함께 1년 동안 수리통계학을 공부하면서 인연을 맺기 시작해, 경제기획원 장관을 맡으면서 김재익을 비서실장(1974년), 기획국장(1976년)으로 임명하여 그를 관료의 길로 이끌었다.

남덕우장관과 김재익의 첫 작품은 선진 세제인 부가가치세 도입

---

206 김성익, 『전두환 육성증언』, 1992년, 169쪽

이었다. 이것은 미국과 일본 보다 앞선 정책이었다.

어느 날 남덕우는 김재익박사(경제학)를 불러 부가가치세에 대해 물었더니, 그는 "모든 거래 단계마다 부가가치가 발생하므로, 영수증발행의 일정율을 세금으로 흡수하는 제도"라고 설명했다. 탈세가 만연한 사업자들에게 쉽지 않은 일이라고 생각한 남덕우는, 제도가 시행중인 유럽공동체(EC)에 1974년 여름 최진배 세제국장, 강동구 국제조세과장, 김재익박사, 서강대 김종인박사 등 4명을 파견하여 실태를 조사하게 하였다.

그들의 보고는 '즉각 도입'과 '충분한 홍보와 교육 이후의 도입'으로 갈렸는데, 남덕우장관은 배도 재무부 세정차관보의 의견에 따라 1974년에 법안 작성, 1975년 국회 상정, 1976년 12월 부가가치세 도입이라는 결과를 만들어냈다.

부가가치세 도입은 과세의 투명성과 공평성, 탈세 방지, 안정적인 세원 확보(정부 세입의 주축)를 이루어 경제 선진화의 한 축이 되었다.[207]

이 과정에서 김재익의 온화하고 끈기있는 설득력이 큰 힘을 발휘했다. 여러가지 현실적인 이유를 들어 거세게 반대하는 사람들에게 특유의 명쾌한 설명으로 한명, 한명의 동의를 얻기 시작한 것이다.

1973년 내가(서영택) 재무부 세제국 직접세과장으로 있을 때 청와대 경제수석(당시 김용환수석) 보좌관으로 있던 김재익씨가 나를 보자고 했다.

---

207 남덕우, 『경제개발의 길목에서』, 2009, 122~125쪽

김재익박사는 미국에서 공부할 때 부가가치세 제도에 관해 많은 관심을 갖게 되어 이 세제의 장점에 매료된 사람으로 보였다. 커다란 종이에 도표로 부가가치세 제도의 이론적 장점을 일목요연하게 정리해서 나에게 자세하게 설명을 해주면서 이 제도가 도입이 되면 우리나라 조세 제도에 혁명을 가져올 수 있다고까지 말하고, 우리가 같이 이 부가가치세 제도도입에 힘을 모으자고 제안했다.

김박사는 정말 머리도 우수하고 논리가 정연한 분이었다. 한치의 틀림도 없이 수학 문제를 푸는 방식으로 부가가치세 제도의 이론적 장점을 입에 침이 마르도록 몇 시간을 설명하며 나를 설득하려고 했다. 이론의 당위성과 현실의 장벽 사이의 싸움이었다. 김박사는 결코 흥분하지도 않고, 또 대통령과 경제수석을 등에 업고 실무 간부들에게 권위적인 지시나 큰 소리 한 번 내지도 않고 오로지 자기 의견을 이해시키고 설득시키려고 혼신의 노력을 기울였다고 본다.

고승철·이완배 공저, 『김재익 평전』, 130~133쪽

김재익의 업적 중에 가장 빛나는 것은 역시 1980년대의 물가를 안정시켜 한국 수출경제의 경쟁력을 지켜나간 것이라고 할 수 있다.

1970년대 후반의 한국 경제는 그야말로 총체적 난국이었다. 성장위주의 투자와 중동특수·수출증대 등에 의한 통화폭증과 2차 석유파동으로 물가가 폭등하였고, 중화학공업 집중투자로 주택 및 내구 소비재 공급부족의 '수요와 공급 불균형'이 심화되었던 것이다.

박정희대통령도 창원공단 등을 시찰하며 중복투자의 실상을 깨닫고, 1979년 4월 17일 '경기 안정화 종합대책'을 발표하였다. 생필품의 수급 원활화, 규제완화, 재정·금융 긴축, 중화학공업 투

자 조정, 부동산 투기 억제, 영세민 생활 안정정책 등이 망라되었다.[208]

그러나, 박대통령의 성장위주 정책에 대한 신념에 따라 혁신적인 변화라고는 할 수 없는 정책기조의 상황에서, 박대통령 사망으로 경제정책의 일대 변화가 일어나게 되었다.

물가와 임금의 고공비행 속에서 정치적 위기까지 맞은 대한민국호는 자칫 좌초할 수도 있었지만, 전두환대통령의 박대통령과의 차별화 욕심과 자유주의를 신봉하는 김재익경제수석과의 결합으로 한자리수 물가와 1986년 사상 최초의 경상수지(무역수지) 흑자라는 쾌거를 이루어 내었다.

김재익이 미국 유학 시절에 접한 강경한 자유주의 경제사상가 루트비히 폰 미제스(Mises, 1881~1973)는 '계획경제는 자의적인 경제 계산이 나올 수 밖에 없어 비합리적인 계산이 나올 수 밖에 없다'라고 주장했고, 김재익도 자유주의 시장을 신앙처럼 지지했다.[209]

임금과 추곡 수매가, 기업투자를 억제한다는 정책은 경제주체들에게 격렬한 저항을 불러왔다. 당장 물가가 치솟는 상황에서 재정긴축은 실질 소득이 감소하는 것이었음으로 당연한 반발이었다. 이에 정부는 물가가 안정되면 실질소득이 증가하게 된다는 내용을 지속적으로 홍보, 교육하면서 여론을 안정시켰고, 전대통령의 강력한 신임을 받은 김재익수석의 활약 속에 한국경제는 과열을 막을 수 있었다.

---

208 남덕우, 위의 책, 183쪽
209 고승철.이완배 공저, 『김재익 평전』, 97~110쪽

1980년 30%에 달했던 도매물가는 1982년에는 4.7%, 1983년에는 0.2%로 크게 낮아졌고, 소매물가는 80년 29%에서 1982년 7.1%, 1983년 3.4%로 안정되었다.[210] 2천년대에 그리스와 중남미 등에서 자주 들려오는 몇십, 몇백프로의 물가상승은 한국에서는 상상할 수 없는 일이 되어 버린 것이다.

빼놓을 수 없는 김재익 경제수석의 업적으로, 정보혁명의 씨앗을 뿌린 것이 있다. 경제기획국장으로 있던 시절, 남덕우장관 겸 부총리에게 전화기보급 적체를 해소하기위해 '기계식 교환방식'을 '전자식 교환방식'으로 교체하자고 건의했고, 기존 제조업체의 강력한 반발에도 1977년에는 '한국통신기술연구소(KTRI)'를 설치하였으며, 1978년에는 가입 전화가 187만대 였으나 1982년에는 400만대로 증가하는 성과를 이루어냈다.[211]

또한, 김재익은 1980년 9월 전자공학박사 오명(과학기술부 장관 겸 부총리)과의 대화를 통해 정보산업의 중요성에 공감하여, 그를 2급 경제과학비서관으로 임명하게 하고 1981년 '전자공업 진흥 기본계획'에서 3대 집중 과제로 전자교환기 혁신, 반도체, 컴퓨터 산업의 진흥을 지목하게 하는 결과를 낳았다.

오명이 시분할 방식 교환기(TDX, time division exchange)를 개발하려고 할 때, 당시로는 막대한 금액인 240억(당시 10억짜리 프로젝트도 전무)의 예산을 김재익은 강력히 후원하여, 대한민국을

---

210   전두환, 『전두환 회고록』2권, 2017, 78쪽
211   남덕우, 위의 책, 144~149쪽

1986년 세계에서 10번째로 TDX를 자체 생산하는 국가로 만들었다.[212]

이 모든 성과의 바탕은 김재익이 해외 경제, 과학 잡지를 탐독하여 세계경제의 흐름을 가장 앞서 관찰하고 있었기 때문이다.

I Saint

운명의 1983년, 김재익이 우리에게 남긴 마지막 선물은 사상 유례없는 정부 예산동결이었다. 사실 이것은 불가능에 가까운 목표였다. 제로 베이스(zero base)를 기반으로 한 그 전해 예산도 43%의 증액예산이었는데, 물가가 상승하는 가운데 예산동결은 삭감과 마찬가지였기 때문이다.

게다가 1985년은 김영삼, 김대중 두 거물이 복귀하는 선거가 기다리고 있는 해였으므로, 1984년도 지역구 사업을 할 수 없게 된 의원들에게서 '김재익이 미쳤다', '누굴 죽이려고 이러느냐'는 격앙된 외침이 터져 나왔다.

이번에도 키(key)는 절대 권력자 전두환에게 있었다. 그는 '선거에서 불리하더라도 물가는 잡아야 하고 재정 적자 문제는 해결해야 한다'는 김재익의 말을 신임하고 모든 반대를 무릅쓰고 공무원 임금동결, 보리 수매가격 동결, 6월말 예산동결조치를 차례대로 발표했다. 그 결과 여당인 민정당은 선거에서 고전할 수 밖에 없었다.

김재익의 물가안정과 시장개방에 따른 국산 산업경쟁력 강화라는 1980년대 정책방향은 기막히게 맞아떨어져, 1980년대 후반 3

---

212   고승철.이완배 공저, 『김재익 평전』, 219~224

저 호황을 맞아 한국경제는 사상 최초의 무역수지 흑자(46억 달러, 1986년)를 기록하였고 1997년까지 고공비행을 계속하였다.

한편, 김재익이 죽음을 맞이한 '아웅산폭탄테러'에 대한 루머 중에, 전두환대통령이 버마(현재 미얀마)를 방문한 이유에 대한 것이 있다.

친북국가였던 버마를 급하게 추가한 것은 당시 권좌에서 물러난 뒤에도 권력을 가지고 있던 네윈 장군의 노하우를 배우러 갔다는 주장이 그 하나이고, 북한과의 치열한 제3세계 비동맹국가에 대한 외교경쟁에 따른 전대통령의 결정이었다는 주장이 그 하나이다.

내용을 살펴보면, 방문 5개월 전에 이미 현지 공관에 훈령을 내려 교섭을 지시하였고, 1981년 필리핀 방문에서도 암살음모가 이미 발각이 되었으며, 6개국 순방에서 굳이 위험한 버마를 부가적인 목적을 위해 첫번째 방문지로 정한다는 것은 상식에 맞지 않다.[213]

결국, 장기집권 노하우를 배우기 위해 버마를 방문했다는 주장은, 극악한 북한의 테러까지도 독재자 전두환에게 덮어 씌우려는 누군가의 음모일 것으로 추측된다.[214]

아웅산묘소에서 북한의 폭탄테러로 순국한 한국 최고의 인재 17분의 성함은 다음과 같다. 서석준 부총리, 이범석 외무부장관, 김동휘 상공부장관, 서상철 동자부장관, 함병춘 대통령비서실장, 이계철 주 버마대사, 김재익 경제수석비서관, 하동선 해외협력위 기획

---

213 전두환, 위의 책, 495~496쪽
214 고위 법관 여러명을 파견하는 등의 의심스러운 정황은 남아있다.

단장, 강인희 농수산부 차관, 김용한 과기처차관, 심상우 민정당 총재비서실장, 민병석 대통령 주치의, 이재관 대통령 공보비서관, 이중현 동아일보 사진기자, 한경희 경호원, 정태진 경호원, 이기욱 재무부차관.

김재익은 결국 내가 죽음의 길로 안내한 꼴이 되었다. 차라리 그가 원하는 학자의 길을 가게 했더라면 이런 일은 없었을 것을.. 유족들을 뵐 낯이 없다. 다만 나는 이렇게 말하고 싶다. 김재익은 비록 짧은 인생을 살다 갔지만 꽃다운 청춘을 바쳐 이 나라 경제를 바꾸어 놓았다. 그가 보여 준 공복(公僕) 정신과 경제철학은 세계화 시대를 살아가는 우리에게 영원한 길잡이가 될 것이다. 삼가 명복을 빈다.

남덕우, 『80년대 경제개혁과 김재익 수석』, 57쪽

자유화, 산업화, 민주화 그리고 행운

구사일생. 대한민국의 생존은 그야말로 기적 같은 일이었다. 만주사변과 중일전쟁 이후 15년간의 전쟁기간 동안 물자와 인력의 대거 징발로 한반도는 매우 피폐해졌고, 더욱이 남한은 농업중심지로 전력과 대규모 공업시설은 북한에 집중되어 해방시기에 극심한 혼란과 고통을 겪었다.

소련점령군의 지령을 받은 남로당의 선전선동, 격렬한 폭동과 대규모 게릴라침투에도, 신생국가 대한민국은 1950년에 쌀을 수출할 정도의 농업력 회복과 재정안정, 토지개혁에 따른 민심안정 등으로 사뭇 새로운 활력이 넘치고 있었는데, 김일성과 공산세력의 전면 남침전쟁으로 폐허로 변하고 말았다.

미국과 서방국가들은 중국대륙에서도 공산당이 승리했는데, 혼란과 자원이라고는 북한의 2배에 가까운 인구만 존재하는 대한민국은 쉽게 공산화될 것이라고 예측하고 있었다. 이러한 예상을 벗어나 결사항전으로 나라를 지켜내고 70여년만에 세계적 공업, 문화강국으로 성장한 것은 거대한 감동의 드라마였다.

헤로도토스와 마키아벨리는 『역사』와 『로마사 논고』에서 위대한 국가의 탄생에는 행운이 필요하다고 이야기했다. 물론, 모든 국가는 흥망성쇠를 피할 수 없다.

대한민국도 탄생과 발전 과정에서 여러 행운을 통해 성장할 수 있었다.

첫째, 소련의 지령을 받은 남로당의 반탁정책으로 남한 민중들에게 공산세력이 민심을 잃었고, 소련점령군의 폭정에 저항하여 남으로 내려온 북한의 기독교 민족주의 세력이 반공민족주의 세력이 되어 북한의 침략에 강력하게 맞서게 되었다는 것이다.

둘째, 이승만이 진보주의자 조봉암을 초대 농림부장관으로 임명하여 농지개혁을 성공시킴으로써, 중국대륙과는 다르게 6·25전쟁에서 농민들이 자기 땅을 지키기위해 목숨을 건 싸움을 하였다.

셋째, 이승만의 무모한 북진통일론에도 불구하고, 전쟁 직전에 도착한 한국 최초의 전투함 백두산함이 북한군의 부산 상륙선을 격퇴하고, 소련이 대만(중화민국)의 UN지위문제로 안보리에 불참으로써 패망 직전의 나라를 구할 수 있었다.

넷째, 민족의 전통인 교육의 중시와 민유방본(民惟邦本, 세종실록 3권)의 정신은 군사독재자들과 문민정부에게도 이어져서, 뛰어난 인재들을 배출하여 산업화와 민주화의 높은 성취를 이루어냈다.

국민도 나라도 허약하기 짝이 없던 '체제 선택의 시대'에 한국은 미국이 해방군이자 점령군으로 진주한 덕분에, 자유주의 정책의 영향 아래 자유민주주의를 신국가의 정치사상으로 받아들여 '자유화'의 체제를 만들었다.

그러나, '빈곤과 혼란의 자유'만 존재한다는 절망 속에 젊은 청년 장교들의 혁명으로, '하면된다'는 정신을 드높여 '한국의 산업혁명'을 많은 부작용 속에서도 성공시켰다.

산업이 고도화되면 민주주의는 자연스럽게 이루어질 것이라는 박정희와 김재익수석의 예언처럼, 고통과 저항의 역사를 통해 세계적인 '민주화'국가가 되었다.

민족주의자의 나라

친일파가 세운 나라라는 북한과 남한 추종세력의 선전선동이 심각하지만, 대한민국은 실체적 진실을 살펴보면 민족주의자들이 세운 나라임이 명백하다.

민족의 전통과 역사를 이어받은 항일 민족주의자들과 국내의 온건한 민족주의자들, 소련점령군의 폭정에 남으로 내려온 기독교 민족주의자들이 세운 '민족의 아성(牙城)'인 것이다.

대한민국에는 임시정부의 적통을 이은 주류세력과 국내 민족주의자들이 결집되어 있었다. 김일성의 회유를 물리치고 남으로 내려온 김구, 6·25전쟁에 참전한 김구의 아들 김신(공군참모총장), 임정 최고의 이론가 조소앙, 국회의장 신익희, 부통령 이시영, 비타협적 민족주의자 안재홍, 광복군사령관 지청천, 초대 국방부장관 이범석, 미군정 통위부장 유동열, 헌법기초위원회 위원장 서상일, 초대 대법원장 김병로, 진보주의자 조봉암, 부통령 김성수…

한편, 이승렬선생은 17세기 이후의 영국의 개혁적이고 점진적인 발전에 있어서의 '상층 지주'의 역할에 주목하면서(Barrington Moore, 독재와 민주주의의 사회적 기원), 일제시대의 조선에서는 소극적 행태를 보인 경기도지역의 재산가, 양반들을 비판하고 서북의 기독교세력과 전라도의 진취적 대지주들의 교육.언론.기업활동을 높게 평가하였다.

토크빌을 포함한 여러 저술가들이 엄청난 정치적 혼란이 거듭된 프랑스대혁명을 비판했고, 실제적인 사회의 권력구조를 변화시킨 영국의 점진주의는 큰 혼란없이 대영제국의 영광을 만들어 냈다.

한반도의 경우, 반일.항일을 선전한 혁명세력은 북한을 세계적 후진국으로 만들었고, 친일.극일로 비난받은 점진적 발전세력은 남한을 세계적 문명국으로 만들었다. "인간의 자유를 증진시키는 방법으로서, 점진적이고 부분적인 개혁이 폭력적 혁명에 대해 그 우월성을 입증해 왔다.(Barrington Moore, 이승렬,『근대 시민의 형성과 대한민국』, 12쪽)

식민지 조선에서는 일제와의 소극적 협력이 불가피하였음으로, 민족교육과 민족언론, 사업체 경영에 있어서 온건한 민족주의자들은 굴욕을 견뎌가며 민족의 실력을 키우려고 노력했다. 강제 동원된 노동자들은 억울한 희생자이고, 강제 동원된 예술가, 지식인들은 민족반역자가 되어야 하는가.

전쟁시기인 1940년대에 실시된 '식량배급제'로 자가소비분이 부족하나마 인정된 농촌의 상황도 열악했지만, 특히 도시에서는 생존과 직결된 문제였다. 등급별로 책정된 배급에서 일제당국에 의해 낮은 등급으로 강등되면 가족의 생사가 위태로워졌던 것이다. 매월

8일의 지역집회(町會)에 출석하지 않으면 배급미가 중단되었고, 신사참배를 하지 않으면 배급통장을 빼앗겼다.

'김동환(시인, 1941), 우리의 적 장개석 정권을 비롯하여 영미를 이 지구상에서 격멸치 아니하고서는 오늘의 배급미까지라도 편히 얻어 먹을 수 없는 것이다.『친일파 군상』1948'

반민특위에서 반민족행위자로 거론된 인물들과 『해방전후사의 인식』에서 추산한 숫자는 대략 천여명을 넘지 않는다. 이들은 초대 내각과 제헌의회 선거에서 피선거권이 박탈되어 (「미군정 법령」 제 175호) 대한민국의 주류에서 탈락하였다.

물론, 식민잔재는 남을 수 밖에 없었지만, 평화로운 선거를 통한 개혁정권에 의한 친일청산은 김일성과 공산제국주의의 전쟁도발로 무산되고 말았다. 실제로 1950년 5월의 2대 국회의원 선거에서는 정치적 유동성이 강한 무소속이 대거 당선되어, 국회 간선으로 선출하는 대통령은 교체될 가능성이 풍부했다.

북한의 서북(평안도 황해도 함경도)에서 남으로 내려온 기독교 민족주의자들은, 도산 안창호의 후예들로 해방 이후 백만명, 전쟁 시기 수십만명의 인원이 남하하여 반공민족주의, 근대화 세력, 반독재 투쟁세력이 되어 대한민국의 소금 역할을 훌륭히 수행하였다.(김건우 『대한민국의 설계자들』 참조)

광복군의 적통 장준하(「사상계」 발행인) 김준엽(고려대 총장), 위대한 평민 류영모.함석헌, 민중신학자 안병무, 홍익인간을 제안한 백낙준(연세대 총장), 국민교육헌장기초 박종홍, 반독재 투쟁 지학순주교, 덴마크형 농민자립운동 류달영, 한국신학대학교 김재준…

이렇게 살펴보면 '임정의 법통'을 뛰어넘어 '민족의 법통'을 이어받은 국가는 대한민국임이 명백한 역사적 사실로서 증명되었다고 믿는다.

북한은 민족을 저버리고 공산세력의 종주국 소련에 맹종하였으며, 김일성왕조의 권력보위에만 몰두하여 민생을 위한 소비재산업보다 군사력을 위한 중화학공업을 우선하여 결국 국가경제가 몰락하였는데, 대한민국은 민생을 위한 소비재산업부터 발전시켜 점차 산업을 고도화함으로써 선진문명을 자랑하게 되었다.

민족 전통의 홍익인간, 민유방본(民惟邦本), 수미균평위 흥방보태평(首尾均平位 興邦保太平, 조소앙의 삼균주의(三均主義로 전승)의 정신을 계승하여, 세계에 새로운 문명을 창출하기 시작한 대한민국의 원대한 미래를 소망한다.

강만길외 11명, 『해방전후사의 인식2』, 한길사, 2013

강준만, 『한국 현대사 산책』50년대편 3권, 인물과 사상사, 2011

강준만, 『한국 현대사 산책』60년대편 1권, 인물과 사상사, 2012

강준만, 『한국 현대사 산책』70년대편 3권, 인물과 사상사, 2012

김기승, 『대한민국임시정부의 이론가 조소앙』, 역사공간, 2015

김기협, 『뉴라이트 비판』, 돌베개, 2010

김건우, 『대한민국의 설계자들』, 느티나무책방, 2021

김남식, 『남로당 연구』, 돌베개, 1984

김삼웅, 『박정희 평전』, 앤길, 2017

김삼웅, 『백범 김구 평전』, 시대의 창, 2014

김삼웅, 『조소앙 평전』, 채륜, 2017

김상구, 『김구 청문회』1, 2권, 매직하우스, 2014

김신, 『조국의 하늘을 날다』, 돌베개, 2013

김성익, 『전두환육성증언』, 조선일보사, 1992

김일수, 『서상일의 정치.경제 사상과 활동』, 도서출판 선인, 2019

김일영, 『건국과 부국』, 기파랑, 2012

김용삼, 『김일성 신화의 진실』, 북앤피플, 2016

김용삼, 『대구 10월폭동/제주 4.3사건/여.순 반란사건』, 백년동안, 2019

김원, 『젊은 대한민국사 건국』, 백년동안, 2015

김종성, 『반일 종족주의, 무엇이 문제인가』, 위즈덤하우스, 2020

김정렴, 『아, 박정희』, 중앙 M&B, 1997

김택곤, 『미국 비밀문서로 읽는 한국현대사 1945-1950』, 맥스교육, 2021

김학민.정운현 엮음, 『친일파 죄상기』, 학민사, 1993

김형석외 18명, 『인촌 김성수』, 백산출판사, 2020

고당 조만식선생 기념사업회, 『영원한 민족의 스승 고당 조만식 전기』, 기파랑, 2010

고승철. 이완배, 『김재익 평전』, 미래를 소유한 사람들, 2014

권영민, 『태백산맥 다시 읽기』, 해냄출판사, 1996

남덕우, 『경제개발의 길목에서』, 삼성경제연구소, 2009

남덕우외 7명, 『80년대 경제개혁과 김재익 수석』, 삼성경제연구소, 2003

남정욱. 류석춘 편저, 『이승만 깨기』, 백년동안, 2015

모던일본사, 『잡지 '모던일본'조선판 1939 완역』, 어문학사, 2020

도리우미 유타카, 『일본학자가 본 식민지 근대화론』, 지식산업사, 2019

도진순, 『쉽게 읽는 백범일지』, 돌베개, 2013

독립기념관, 『한국독립운동인명사전』, 2021

로버트 T. 올리버, 『이승만의 대미투쟁 Syngman Rhee and American Involvement in Korea』상권.하권, 한준석 옮김, 비봉출판사, 2013

민족문제연구소, 『친일인명사전』, 2009

박갑동, 『박헌영』, 인간사, 1988

박세길, 『다시쓰는 한국현대사』, 돌베개, 1994

박승준, 『김일성, 1925~1945 중국과 소련에서 무엇을 했나』, 유나미디어, 2020

박정희, 『나라가 위급할때 어찌 목숨을 아끼리』, 동서문화사, 2005

박정희, 『하면된다! 떨쳐 일어나자』, 동서문화사, 2005

박정희, 『한국 국민에게 고함』, 동서문화사, 2005

박영규, 『일제강점실록』, 웅진지식하우스, 2017

박지향 외, 『해방전후사의 재인식』2권, 책세상, 2006

박재순, 『애기애타: 안창호의 삶과 사상』, 홍성사, 2020

박찬승, 『마을로 간 한국전쟁』, 돌베게, 2010

박찬영, 『화정』, 리베르, 2015

법원행정처, 『북한의 헌법』, 2010

백승종, 『상속의 역사』, 사우, 2018

백완기, 『인촌 김성수의 삶』, 나남, 2012

브루스 커밍스, 『브루스 커밍스의 한국전쟁』, 조행복 옮김, 현실문화, 2017

블레인 하든, 『위대한 독재자와 전투기 조종사』, 홍희범 옮김, 마르코폴로,
2022

신영철, 『정의로운 건설을 말하다』, 한스컨텐츠, 2017

심백준, 『다르게 읽는 삼국지 이야기』, 정원기 옮김, 책이있는마을, 2001

손세일, 『이승만과 김구』6, 7권, 조선뉴스프레스, 2015

송건호외 11명, 『해방전후사의 인식』1권, 한길사, 2015

선우진, 『백범 선생과 함께한 나날들』, 푸른역사, 2009

안문석, 『북한 현대사 산책』1권, 인물과 사상사, 2016

안재성, 『박헌영 평전』, 인문서원, 2020

안재성외 4명, 『아, 전태일』, 목선재, 2020

이강수, 『신익희』, 역사공간, 2014

이경남, 『설산 장덕수』, 동아일보사, 1982

이대환, 『박정희와 박태준』, 아시아, 2015

이명영, 『세기와더불어는 어떻게 날조되었나』, 세이지, 2021

이승렬, 「근대 시민의 형성과 대한민국」, 그물, 2021

이영석, 「건국전쟁」, 조갑제닷컴, 2018

이영훈, 「대한민국 이야기」, 기파랑, 2011

이영훈 외, 「반일 종족주의」, 미래사, 2019

이영훈외 15명, 「해방전후사의 재인식1」, 책세상, 2006

이원규, 「조봉암평전」, 한길사, 2013

이지영, '조소앙의 헌법사상 연구', 법학과 석사논문, 2021

이중텐, 「삼국지 강의」, 양휘웅.김성배 옮김, 김영사, 2007

이택선, 「우남 이승만 평전」, 이조, 2021

이택선, 「취약국가 대한민국의 탄생」, 미지북스, 2020

이현희. 정경환. 오영섭, 「해공 신익희 연구」, 해공신익희선생기념사업회, 2011

우치다 준, 「제국의 브로커들」, 한승동 옮김, 도서출판 길, 2021

오드 아르네 베스타, 「제국과 의로운 민족」, 옥창준 옮김, 너머북스, 2022

오성찬, 「한라의 통곡소리」, 소나무, 1988

오원철, 「박정희는 어떻게 경제강국 만들었나」, 동서문화사, 2006

오항녕, 「광해군 그 위험한 거울」, 2012

오항녕, 「조선의 힘」, 역사비평사, 2010

유순호, 「김일성 1912~1945」, 서울셀렉션

유영익, 「이승만의 생애와 건국비전」, 청미디어, 2019

월간조선, 「교과서에 없는 한국현대사」, 2019년 1월

월간조선, 「박정희 100장면」, 2017년 1월

주대환, 「주대환의 시민을 위한 한국현대사」, 나무나무, 2017

조갑제, 「박정희」, 조갑제닷컴, 2009

조선총독부, 「**시정30년사**」, 박찬승외 3명 역주, 민속원, 2018

조영래, 「**전태일 평전**」, 전태일재단, 2020

조정래, 「**태백산맥**」1권, 해냄출판사, 2021

조정래, 「**태백산맥**」2권, 해냄출판사, 2013

전두환, 「**전두환 회고록**」2권, 자작나무숲, 2017

전인권, 「**박정희 평전**」, 이학사, 2011

전현수, 「**쉬띠꼬프일기**」, 국사편찬위원회, 2004

정경환, 「**백범 김구의 정치사상**」, 도서출판 이경, 2008

정병준, 「**우남 이승만 연구**」, 역사비평사, 2013

정상우, 「**만선사, 그 형성과 지속**」, 사회평론아카데미, 2022

정안기, 「**충성과 반역**」, 조갑제닷컴, 2020

정운현, 「**친일파는 살아있다**」, 책보세, 2011

정운현, 「**친일파의 한국 현대사**」, 인문서원, 2016

정윤재, 「**안재홍 평전**」, 민음사, 2018

정종현, 「**제국대학의 조센징**」, 휴머니스트, 2018

정해구외 10명,, 「**해방전후사의 인식4**」, 한길사, 2013

한명기, 「**광해군**」, 역사비평사, 2000

한명기, 「**병자호란**」, 푸른역사, 2014

한시준, 「**대한민국 임시정부**」, 한울, 2021

한시준, 「**민족과 국가를 위해 살다 간 지도자 김구**」, 역사공간, 2015

한수자, 「**버림**」, 글공작소 야독, 2006

함석헌, 「**뜻으로 본 한국역사**」, 제일출판사, 1993

호사카 유지, 「**신친일파**」, 봄이아트북스, 2020

홍하상, 「**뮌헨에서 시작된 대한민국의 기적**」, 백년동안, 2022